COLLECTION DES ANCIENNES DESCRIPTIONS DE PARIS

MUNSTER, DU PINET ET BRAÜN

PLANT ET POURTRAIT

DE LA

VILLE, CITÉ ET UNIVERSITÉ

DE

PARIS

INTRODUCTION ET NOTES

PAR

L'Abbé Valentin DUFOUR

PARIS
A. QUANTIN, IMPRIMEUR-ÉDITEUR
7, RUE SAINT-BENOIT
1883

ANCIENNES DESCRIPTIONS

DE

PARIS

—

VIII

—

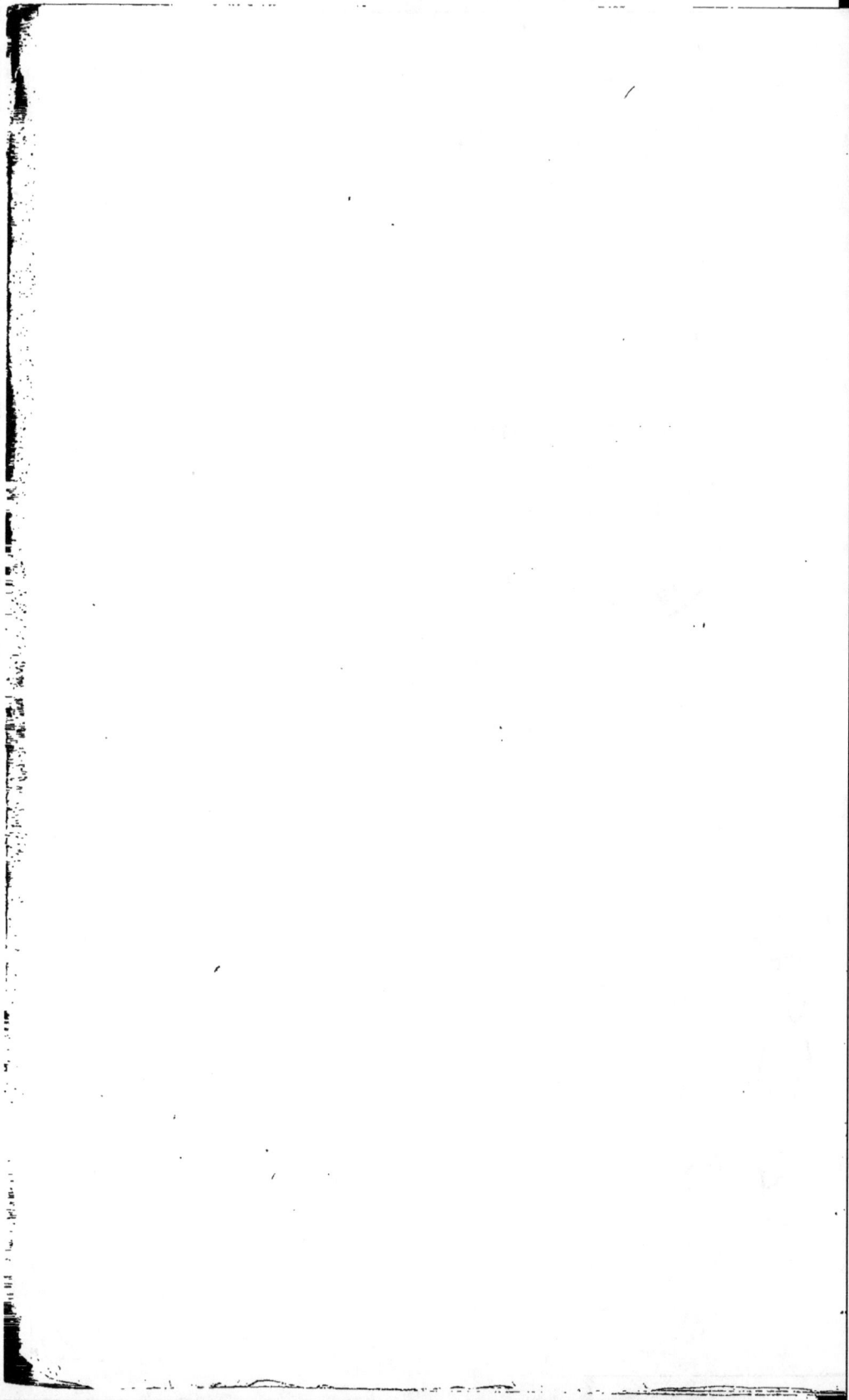

PLANT ET POURTRAIT

DE LA

VILLE, CITÉ ET UNIVERSITÉ

DE

PARIS

Cet ouvrage est tiré à 330 exemplaires, savoir :

Sur chine. . . n°s 1 à 30.
Sur hollande, n°s 31 à 330.

— — —

Exemplaire N° 261

MUNSTER, DU PINET ET BROÜN

PLANT ET POURTRAIT

DE LA

VILLE, CITÉ ET UNIVERSITÉ

DE

PARIS

INTRODUCTION ET NOTES

PAR

L'ABBÉ VALENTIN DUFOUR

PARIS

A. QUANTIN, IMPRIMEUR-ÉDITEUR

7, RUE SAINT-BENOIT, 7

1883

INTRODUCTION

À l'occasion du plan de Paris dessiné par Truschet et Hoyau, édité par Gilles Corrozet et retrouvé à Bâle en 1874, M. Cousin, notre savant confrère, a très bien établi les règles de la cartographie parisienne. Nous allons les rappeler sommairement pour l'intelligence de ce qui suit.

Gilles Corrozet nous a conservé la mention d'un édit de Henri II, du 8 septembre 1550, ordonnant « de faire le portrait et dessin de la closture et fortification de tout Paris, compris les fauxbourgs, tant de l'Université que de la Ville, avec permission de bastir et édifier dedans cette closture. » Ce plan officiel manuscrit, dont on ne connaît pas autrement

l'existence, a été le type de tous les plans de Paris
du xve siècle, y compris les plans antérieurs, qui peuvent se ramener à trois principaux :

1° Le plan de Braun, donnant l'état de Paris vers
1530;

2° Le plan de Tapisserie, représentant Paris vers
1537;

3° Le plan officiel que l'on suppose avoir été dressé
en 1550, représenté par les plans de Bâle, de Du Cer-
ceau et de Belleforest.

Le plan officiel, levé sous Henri II, fut sacrifié
sans doute pour les études du grand plan nouveau,
dressé par Quesnel, en 1609, alors que l'état de
Paris fut métamorphosé par Henri IV ; il ne fut plus
copié et reproduit à partir de cette époque, à moins
que ce ne soit à l'étranger.

Nous citerons maintenant l'ouvrage de M. A. Bonnardot, les *Études archéologiques sur les anciens plans
de Paris,* moins pour le critiquer que pour le com-
pléter en certains points.

« *Le plus ancien plan gravé de Paris que je connaisse* représente cette ville vers 1530, quoique le
texte annonce l'année 1548. C'est une horrible estampe
sur bois, qui n'offre d'autre intérêt que sa date. Elle
se trouve insérée dans plusieurs éditions de la *Cosmographie* de Sébastien Munster. La première édition
de cette géographie est, selon Brunet, de 1541. On

voit à la Bibliothèque nationale celle de 1544. Toutes deux sont en allemand, éditées à Bâle et ne contiennent aucun plan de Paris. Mais dans l'édition latine de 1550 se trouve le plan en question. Il existe peut-être une édition de 1548, qui déjà le renferme, puisqu'au revers de là planche on lit (en diverses langues) que ce plan représente : Le portrait de la ville de Paris en 1548.

« C'est donc dans la Cosmographie de Sébastien Munster, édition de 1550 et suivantes, que se trouve inséré *le premier plan gravé de Paris (du moins à ma connaissance)*, plan dont les détails annoncent la date que je lui attribue. Il existe même des éditions publiées à Bâle ou ailleurs *au commencement du* XVIIe *siècle, avec tirage ou copie de la même planche.* Celles de 1550 et 1554 sont des traductions latines dues, selon Brunet, à Sébastien Munster lui-même; celles de 1552 et 1556 sont des traductions françaises. Au reste, peu nous importe que le texte de cet ouvrage, qui est presque partout un tissu d'absurdités, soit en telle ou telle langue; *le point essentiel pour nous, c'est de constater la date de la première apparition du plan de Paris.* Quant aux quelques lignes de texte qui concernent cette ville, elles n'ont pour nous aucune valeur.

« Je décrirai ce plan à vol d'oiseau, d'après l'édition française de 1552, publiée à Bâle par Henry Pierre. *Cette planche m'a paru être identiquement la même dans toutes les éditions de Munster :* cependant on remarque quelques dissemblances. Si, dans les diverses éditions que j'ai vues, sans pouvoir les comparer, l'estampe n'est pas tirée de la même planche, c'en est au moins le calque fidèle, *puisque la dimension en est identique.* Il eût été difficile de tracer une image plus grossière de notre capitale. Le nom du graveur de ce plan informe nous est inconnu. *C'est au reste un renseignement assez inutile.* Les Parisiens durent se contenter pendant longtemps, en fait de plan de Paris gravé, de la monstrueuse estampe de Munster et de ses copies.

« Il existe, outre les nombreuses éditions en plusieurs langues de la *Cosmographie* de Munster, des ouvrages de plusieurs titres, où figurent en plus petit des images de Paris, copiées sur celles-ci, ou du moins tracées d'après le même modèle. Ces reproductions m'ont paru offrir si peu d'intérêt, que j'ai dédaigné de rechercher les ouvrages qui les renferment. Je me bornerai à citer l'in-folio intitulé *Plantz, Pourtraits et Descriptions de plusieurs villes d'Europe,* par Antoine Du Pinet, Lyon, 1564, où l'on voit un plan de Paris *gravé sur bois, ou du moins dessiné par Jean d'Ogerolles.* Il est encadré de riches enroulements, de mascarons, cariatides et animaux fantastiques. *Cette petite estampe a beaucoup de ressemblance avec celle de Munster, et dérive assurément de la même source.*

Les tailles en sont plus délicates, mais le dessin en est aussi grossier, *aussi défectueux*. On y remarque les armes de France et de Paris, et, au bas, sept renvois. »

Les passages soulignés sont ceux où nous ne sommes pas d'accord avec M. Bonnardot, et sur lesquels nous reviendrons plus loin. On voudra bien observer également que l'auteur n'a pas connu directement le plan dont il nous reste à parler, mais qu'il l'a connu indirectement par l'ouvrage de Du Pinet, où il se trouve reproduit avec adjonction d'un cadre, ce qui a fait illusion aux contemporains et à M. Bonnardot lui-même. Que ne l'a-t-il comparé attentivement avec celui de Sébastien Munster? La vérité fût sortie de cet examen. A distance on peut s'y tromper, de près ce n'est pas possible; et puis il faut faire la part du préjugé que nous avons subi nous-même avant l'étude attentive des deux représentations : *Le plan de Munster est le plus ancien plan gravé de Paris que je connaisse.*

Au nombre des documents précieux rassemblés pour être utilisés par le service historique de la ville de Paris et qui périrent dans l'incendie de mai 1871 se trouvait un volume peu connu qui renfermait un plan de Paris sur lequel l'attention n'avait pas encore été appelée. L'ouvrage avait pour titre : *Le premier (et le second) livre des Chroniques et Gestes admirables des Empereurs avec les effigies d'iceulx, Lyon, Balthasar*

Arnoullet, MDLII, in-4°, 2 tomes en un volume. On rencontre dans ce livre trois plans qui n'ont aucun rapport avec l'ouvrage : ceux de Rome, de Constantinople et de Paris ; ils ne sont qu'une addition du libraire pour enjoliver ses exemplaires. Les plans de Rome et de Constantinople, au xvie siècle, n'ont pas leurs analogues dans l'ouvrage de Munster, quoique très intéressants par eux-mêmes, celui de Paris passait pour une copie empruntée à la *Cosmographie,* dont il est l'original, comme on pourra s'en convaincre.

Il y a quelques mois déjà nous avions fait reproduire, d'après un double de la Bibliothèque de l'Arsenal (H. 2552, Cat. Nyon, 20654), cet ancien portrait de Paris pour la *Collection des anciennes Descriptions de Paris.* M. Paul Lacroix nous avait signalé ce plan comme peu connu et intéressant par lui-même ; il avait un autre avantage à nos yeux : il n'avait pas besoin d'être réduit pour s'adapter au format de la collection ; il suffisait de le monter sur onglet. On le trouvera dans le présent volume, où il figurera avec celui de Munster, ce qui permettra d'en faire plus facilement la comparaison.

La Bibliothèque nationale possède un exemplaire de ce plan que l'on n'irait pas chercher dans *Le premier livre des Chroniques et Gestes admirables des Empereurs* (J. 1151²) ; un troisième exemplaire se trouvait dans l'admirable bibliothèque de M. A. Firmin-Didot ;

c'est d'après cet exemplaire que M. Rothschild, l'éditeur bien connu des *Promenades de Paris,* pour ne citer que l'ouvrage parisien de M. Alphand, a fait faire une réduction destinée à un grand ouvrage illustré sur le Paris moderne; il a mis gracieusement à la disposition de la Société de l'Histoire de Paris et de l'Ile-de-France le cliché de ce plan, pour illustrer une note du Bulletin de la Société où nous avions signalé son importance (t. IX, p. 45-56). Ses proportions réduites, o^m,17 de largeur sur o^m,11 de hauteur, le présentent sous un jour charmant.

Enfin un bibliophile de Lyon, M. le président Baudrier, possède ce même plan dans deux ouvrages dont nous allons nous occuper sur l'heure.

Désireux de joindre un texte d'un auteur contemporain à ce plan tombé dans l'oubli, nous avions, après quelques recherches, trouvé l'indication suivante dans la *Bibliothèque* de Du Verdier, à l'article GUILLAUME GUÉROULT : *les Figures et Portraits des villes les plus célèbres d'Europe, Lyon, Balthasar Arnoullet,* MDLII, sans pouvoir mettre la main sur cet ouvrage qui semblait devoir remplir notre but; et plus loin, sous la même rubrique, nous avions rencontré la mention d'un ouvrage non moins rare intitulé *Épitomé de la Corographie d'Europe, illustré de portraits des villes les plus renommées d'icelle, mis en françoys par Guillaume Guéroult, Lyon, Balthasar*

Arnoullet, MDLII, in-folio, planches gravées sur
bois. Aucun des grands dépôts littéraires de Paris ne
possède un exemplaire de la *Corographie*. Elle se
trouve cependant citée dans Brunet et dans le catalogue de la vente Yémeniz, en 1867 (H. 2679), avec
cette note : « Ce volume très rare contient des vues
d'une exactitude parfaite des principales villes. Dans
quelques-unes on reconnaît le dessin de Bernard Salomon. » Constatons en passant que les trois plans
qui figurent dans les *Chroniques des Empereurs* s'y
retrouvent. Cet exemplaire, adjugé 90 francs à la salle
Silvestre, a dû, d'après nos recherches, être acquis
pour le compte du *British Museum.*

Convaincu qu'il n'y avait rien à espérer au dépar-
tement des imprimés de la Bibliothèque nationale, je
résolus de poursuivre mes recherches dans le dépar-
tement des cartes et plans ; ce fut sans plus de succès
et j'allais me retirer lorsqu'une heureuse coïncidence
me mit en présence d'un savant bibliophile lyonnais,
M. Vingtrinier, aujourd'hui bibliothécaire de la ville
de Lyon (ancien secrétaire de feu M. Coste, lui-même
bibliophile distingué), en ce moment en visite auprès
de M. Cortambert, qui nous mit en rapport. Je com-
muniquai à M. Vingtrinier l'objet de mes recherches
et je m'efforçai de l'intéresser à mon sujet en faisant
appel à ses souvenirs, à son érudition, à son amour
patriotique pour la ville natale, dont il connaît si

bien l'histoire civile et littéraire. Les recherches de
mon correspondant n'ayant abouti qu'à un résultat
négatif dans le grand dépôt littéraire dont la garde
lui est confié, il transmit ma demande à M. le président Baudrier, bibliophile lyonnais, bien connu des
amateurs, qui possède dans sa belle collection les ouvrages de Guéroult et le seul exemplaire qui existe
en France, à ma connaissance, de l'*Épitomé de la Corographie de l'Europe*. Voici la note qu'il a bien voulu
m'adresser à ce sujet et qui simplifie bien la question :
« L'ouvrage intitulé *les Figures et Portraits des
villes les plus célèbres d'Europe*, Lyon, Arnoullet,
MCLII, cité par Du Verdier, et d'après lui par
Brunet, est introuvable ; mais son existence est con-
statée par l'avis de l'imprimeur au lecteur, placé à la
tête de la *Corographie d'Europe*, dont le texte est rap-
porté par le catalogue Yémeniz. Il résulte de cet avis
que la première publication n'a été qu'un essai, tiré à
petit nombre, et que l'*Épitomé* en est la reproduction
augmentée. La légende qui accompagne le plan de Paris
est plutôt une courte notice historique qu'une description de la ville. » C'était déjà un point élucidé et
dont la solution ne se trouvait pas dans la *Bibliographie lyonnaise du* XVIᵉ *siècle*, de Breghot du Lut.

Le plan de Paris dans l'ouvrage de Sébastien
Munster a été tiré sur grand papier pour cadrer avec
le texte du volume in-folio de la *Cosmographie ;* celui

qui accompagne l'ouvrage de Guéroult, plié en deux, se trouve dans un in-4° ou in-8° moderne. Avant de les avoir rapprochés, je croyais le second copie et réduction du premier, et d'autres personnes partageaint ce sentiment. Croyant en posséder seul une reproduction faite en vue d'une publication prochaine, je fus étonné d'en trouver un exemplaire en possession de M. Cousin, qui m'apprit que ce plan était une réduction faite par M. Rothschild, éditeur, et que l'original faisait partie de la bibliothèque de M. A. Firmin-Didot, comme on l'a expliqué précédemment. Muni de mon *fac-simile,* nous le comparâmes à l'estampe de Munster, et nous arrivâmes à cette conclusion que le plan de l'auteur allemand était une copie peu intelligente du plan français, que je nommerai pour plus de clarté plan d'Arnoullet, du nom de l'éditeur et peut-être bien de l'auteur de ce plan, comme je l'expliquerai tout à l'heure.

Voici les principaux motifs de cette affirmation :

Dans le plan de Munster, le champ de la gravure est moindre que dans celui de l'éditeur lyonnais; ainsi le gibet de Montfaucon, au lieu d'être dégagé, se trouve représenté à moitié : or, quand on copie, on supprime plutôt qu'on n'augmente les détails, dont il est parfois difficile de se rendre compte quand on ne connaît pas exactement les localités; et, ici, le copiste n'a pas compris certaines particularités, ce qui prouve

qu'il reproduisait d'après un modèle, non d'après
nature. De même il n'a pas compris que le gibet de
Montfaucon, assis sur un massif de maçonnerie, avait
deux étages et qu'on accédait au second par une
échelle de meunier. Les clôtures des marais du Temple,
qui affectaient presque uniformément la figure d'un
carré régulier, deviennent sous son crayon des lignes
coupées à angle droit et ressemblent assez aux mailles
d'un filet. Jamais le copiste, quel qu'il soit, n'avait vu
tourner les moulins qui entouraient Paris comme un
cordon de sentinelles ; aussi ne comprend-il ni leurs
ailes, ni leur escalier, ni leur assiette, ni le système
qui les fait pivoter ; quant au corps de la construc-
tion, il ressemble plus, selon la comparaison fantai-
siste d'un amateur, à l'instrument de Molière qu'à un
moulin à vent ; ils rappellent certainement ces jouets
d'enfants fabriqués à Nuremberg auxquels on donne
le nom de moulins et qui manœuvrent à l'aide d'une
ficelle verticale. Si la grossièreté du travail était une
marque d'antiquité, le plan dit de Munster obtien-
drait sans conteste la priorité.

Ce qui frappe au premier abord, quand on veut se
rendre compte des différences de ces deux plans,
qu'on croirait à première vue, sinon identiques, au
moins pareils, c'est la suppression dans l'image allemande de l'écusson de Paris, placé à droite dans le
plan d'Arnoullet et soutenu par un ange, tandis que

l'écusson royal, surmonté de la couronne fermée, placé à gauche, est tenu par deux anges; il a été remplacé par le dessinateur de Munster par un cadre dans lequel on lit : *Nomina quorundam ædificiorum quæ suis quibusque locis ob spatii angustiam signari nequiverunt.* A. SORBONA. B. PALATIUM REGIS. C. PRÆTORIUM. D. SUMMUM TEMPLUM. E. VIA AD PICARDIAM. F. PORTA ET VIA S. DIONISII. G. PORTA ET VIA S. MARTINI. Le titre est : LUTETIA PARISIORUM URBS, TOTO ORBE CELEBERRIMA NOTISSIMAQUE, CAPUT REGNI FRANCIÆ. Un écusson allemand, chargé de trois fleurs de lis dont la troisième en disproportion avec les autres, remplit la moitié du champ et cache la moitié de l'abbaye de Saint-Victor. Arnoullet avait intitulé son plan : « Lutèce à présent nomée Paris, cité capitalle de France. » Un pli qui se trouvait dans l'exemplaire qui a servi de modèle n'ayant pas été effacé préalablement, le premier et le second jambage de la lettre M dans le mot *nomée* paraissent se confondre, quoique bien gravés.

Au bas on lit, disposée en trois lignes, la légende suivante :

A. Sorbonne. B. Le Palais-Royal où se tient le parlement. C. La maison de la Ville. D. La grande église Nostre-Dame. E. Le chemin de Picardie. F. La porte et voye de Sainct-Denis. G. La porte et voye de Sainct-Martin.

Mais ce n'est pas le tout de supprimer, il fallait remplir le vide du cadre; c'est alors que l'artiste allemand a donné carrière à son imagination et a créé des horizons fantastiques. Sur la rive gauche du fleuve, il a même déplacé les noms des faubourgs pour masquer ses additions, ce qui ne laisse pas d'être contre l'exactitude.

Maintenant entrons un instant dans l'enceinte de la ville. Sur ce sujet il y aurait beaucoup à dire; bornons-nous à quelques observations : tous les pâtés de maisons, tous les îlots sont symétriques, tous les toits de ces mêmes maisons ont même forme, même hauteur; on dirait les tuiles d'un toit placées régulièrement, ou les boucliers des Romains faisant la tortue; or on sait si nos villes du moyen âge, Paris en particulier, affectaient cette régularité dans les constructions et dans les alignements. Pour figurer Notre-Dame, le dessinateur a représenté une espèce de colombier; il n'a compris ni le triple portail, ni la galerie haute, ni les tours qui surmontent le tout, ni le clocher central, qui étaient pourtant très visibles dans le plan d'Arnoullet. Ce n'est pas à dire que le plan que l'on trouve dans le livre de Guéroult soit parfait, il est même grossier; l'intention toutefois y est ; certains détails prouvent même plus de bonne volonté que d'habileté : on sent que l'ouvrier avait un modèle sous les yeux, modèle qu'il n'a su rendre qu'imparfaitement.

En voyant figurer ce plan, tout défectueux qu'il nous paraisse, et à l'époque de son apparition on n'était pas si difficile que de nos jours, en voyant, dis-je, ce plan figurer dans des ouvrages avec lesquels il n'a qu'un rapport très indirect, une question s'impose à l'esprit. Pourquoi l'avoir prodigué ainsi ? Encore sommes-nous loin de connaître tous les ouvrages qu'il a pu illustrer. Était-ce à cause de sa nouveauté ? Ne serait-ce pas plutôt par un effet de l'amour de prédilection de son auteur ?

Avant de répondre à cette question il ne sera pas hors de propos de dire un mot de l'auteur et de l'éditeur dés *Chroniques et Gestes admirables des Empereurs,* livre dans lequel nous voyons notre plan apparaître pour la première fois : Guillaume Guéroult et Balthasar Arnoullet.

La famille Arnollet ou Arnoullet a fourni toute une série, je dirai presque une dynastie de typographes lyonnais qui ne fut pas sans mérite. Jacques Arnoullet était établi à Lyon à la fin du xvᵉ siècle. Deux autres imprimeurs de ce nom, François et Olivier, continuèrent à soutenir la réputation que s'était faite Jacques ; ils travaillèrent dans la même ville à la fin du xvᵉ siècle et au commencement du xv1ᵉ. Balthasar, qui n'est pas le moins habile impri-

meur de la famille, commença ses publications, la
plupart illustrées, en 1548, et les poursuivit jusqu'en
1561, au moins. A cette époque on le perd de vue.
Abandonna-t-il le commerce? mourut-il alors? on
l'ignore.

D'origine normande, Guillaume Guéroult, dont la
vie avait été accidentée, et dont les opinions religieuses paraissent avoir été assez avancées, n'ayant
pu continuer à résider à Genève, se réfugia à Lyon,
où il entra en relation avec Balthasar Arnoullet, dont
il dirigea l'imprimerie et dont il devint même le beau-
frère. En 1552, ils imprimèrent à Vienne un ouvrage
de Servet : *Christianismi restitutio,* qui leur attira des
poursuites judiciaires. C'est cette même année 1552
que fut annoncé le volume de Guéroult : *les Figures
et Portraits des villes les plus célèbres d'Europe,* enregistré par Du Verdier, et qui ne parut que l'année
suivante sous un nouveau titre : *Épitomé de la Corographie d'Europe illustrée de portraits des villes les
plus renommées d'icelle.*

En 1552 également avait paru un autre ouvrage
de Guéroult : *Le premier livre des Chronicques des
Empereurs avec les effigies d'iceulx.* L'exécution de
ces planches, la recherche des sujets, avaient demandé
au moins plusieurs mois de préparation; les plans,
celui de Paris en particulier, y étaient un hors-
d'œuvre; si on les fit entrer dans l'ouvrage, c'est

d'abord que la planche existait déjà, à une époque qui ne saurait de beaucoup précéder l'établissement d'Arnoullet, que nous avons vu être à la date de 1548, date à laquelle apparut également l'édition latine de Munster, et qui coïncide avec l'arrivée de Guéroult à Lyon et son entrée dans l'imprimerie de son futur beau-frère. Une autre raison de cette prédilection pour les trois plans pourrait bien avoir sa source dans le faible de Balthasar Arnoullet pour son œuvre. Car, selon toutes les probabilités, Balthasar aurait été imprimeur et graveur, ce qui expliquerait son goût pour les ouvrages illustrés ; malheureusement notre plan n'est pas signé. On verra plus loin comment nous avons trouvé le monogramme du graveur.

Un amateur qui a visité tous les cabinets d'estampes de l'Europe, M. Natalis Rondot, consulté sur ce sujet, me fournit les renseignements suivants : « Qu'il avait fait la découverte à Bruxelles, dans le cabinet royal, d'une belle vue de ville française gravée sur bois, signée I. A. et qu'il avait attribué cette belle pièce à Jean Arnoullet, » mais « que n'étant pas auprès de ses collections, il n'avait pas les détails présents à l'esprit. »

Attribuer à Balthasar Arnoullet le plan qui nous intéresse n'est donc point une témérité : il y a de fortes présomptions en sa faveur, corroborées par les

études, les observations et l'autorité de M. Rondot,
qui s'occupe depuis plusieurs années d'un grand
ouvrage sur la gravure. M. le président Baudrier,
tout en reconnaissant que « Balthasar n'avait jamais
pris, à sa connaissance, d'autre qualité que celle
d'imprimeur, ajoute qu'il avait beaucoup travaillé
comme tel, qu'il avait publié beaucoup de livres à
gravures dont les planches étaient dues à des artistes
inconnus, qui pourraient bien être lui-même ; de
plus, qu'il s'était servi de différents caractères d'imprimerie à lui particuliers, fort gracieux de forme, qu'il
attribuerait volontiers à son dessin et à son burin. »

En toute hypothèse, comme il faut nommer ce
plan, qu'on pourrait après tout appeler plan « aux trois
anges », je proposerai, à défaut du nom de l'artiste qui
est encore inconnu, de lui donner celui d'Arnoullet,
qui en fut certainement l'éditeur et vraisembla-
blement l'auteur : on évitera ainsi toute équivoque.
Heureux de m'être rencontré sur ce terrain avec un
maître qui formulait ainsi le même principe : « Faute
de noms d'artistes que l'érudition n'a point encore
su trouver, je propose d'en attribuer les matériaux
aux imprimeurs et aux libraires qui en firent les
premiers frais ; ils étaient eux aussi dans ce temps des
artistes[1] ».

1. J. Renouvier. *Histoire de l'origine et des progrès de la*

Le volume dans lequel nous trouvons intercalé le plan d'Arnoullet porte la date de 1552, mais le plan lui-même est antérieur à cette date, au moins de quelques mois, peut-être même de plusieurs années. La première édition latine de Munster est de 1550, mais le plan lui-même accuse 1548.

En effet, on lit au revers du plan de la première édition française parue en 1552 cette note : « Civitas parisiensis delineata secundum situm et figuram quam habuit *hoc Christi anno 1548,* intra et extra mænia. Interiora quæque ejus ædificia et infiniti vici in tam angusto spacio omnes explicari nequiverunt. Sat fuerit, videre urbem trifariam per Sequanam distinctam, atque per pontes sursum conjunctam. » Il serait curieux de rechercher les autres ouvrages auxquels le plan d'Arnoullet fut annexé, soit en original, comme dans les volumes de Guéroult, soit en imitation, comme dans la *Cosmographie* de Munster, pendant tout le temps que Balthasar exerça son industrie à Lyon (1548-1561), mais les renseignements réunis jusqu'à ce jour sur cet imprimeur, qui ne fut pas sans mérite, se bornent à peu de détails; d'autre part, il nous faudrait posséder le catalogue complet des livres qui sortirent de ses presses pendant cette période de treize ans, ou mieux, pouvoir les feuilleter; mais,

gravure dans les Pays-Bas et en Allemagne jusqu'à la fin du XVᵉ *siècle.* Bruxelles, 1860, in-8º.

malgré les recherches de MM. Bréghot du Lut et
Péricaud ainé, la *Bibliographie lyonnaise du* XVIe *siècle*
présente encore bien des lacunes. Sur l'exemplaire du
Livre des Chroniques et Gestes admirables des Em-
pereurs qui appartient à la Bibliothèque nationale se
trouve, au-dessous de l'adresse du libraire, cette devise
manuscrite : *Sto fide justus,* qui paraît être celle de
Balthasar Arnoullet, et qui pourrrait bien trahir ses
convictions religieuses. Non plus que son beau-frère
Guillaume Guéroult, Balthasar Arnoullet n'a trouvé
place dans la *France protestante;* l'un et l'autre
cependant semblaient y avoir quelque titre.

En 1564, paraissait chez Jean d'Ogerolles, libraire
à Lyon, un volume in-folio, les *Plantz, Pourtraits et*
Descriptions de plusieurs villes et forteresses d'Eu-
rope, etc., par Antoine Du Pinet. A la page 22 de
ce recueil se trouve un plan de Paris décrit plus haut
par M. Bonnardot, qui ne le ménage pas, mais le
confond avec l'image de Munster. Or cette planche
n'est autre chose que le plan d'Arnoullet; fatigué par
les précédents tirages, pour lui donner un air de jeunesse et de nouveauté, on l'a entouré d'un cadre
richement sculpté. Au bas, dans un cartouche, on lit :
IAN (sic) D'OGEROLLES. Les baguettes qui forment le
cadre laissent un jour entre elles, à leur point d'inter-
section aux angles, comme aussi entre elles et la
planche. « Ce plan d'Ogerolles de 1564, ajoute,

p. 67, M. Bonnardot, que je signale p. 28, n'est, je le répète, qu'une copie sans corrections de celui de Munster. » Le lecteur sera édifié quand il saura que ce plan n'est autre que la planche d'Arnoullet agrémentée d'un cadre. Notre savant confrère s'est trompé en prenant d'Ogerolles pour un dessinateur ou un graveur. « Quant à Jean d'Ogerolles, nous écrivait M. Baudrier, je ne crois pas qu'il soit jamais sorti de son métier d'imprimeur. En même temps il a tenu boutique à Lyon et à Bourg. Il a été, je crois, le premier imprimeur de cette dernière ville [1]. »

Le nom de Jean d'Ogerolles est donc à supprimer dans la liste des graveurs et dessinateurs du XVIe siècle, et il faut renoncer à l'appellation de plan d'Ogerolles.

Ce plan est celui de Balthasar Arnoullet, acquis après sa cessation de commerce, très probablement, peut-être avec tout le matériel qui se trouvait dans ses ateliers, par Jean d'Ogerolles qui lui a sans doute succédé, après avoir travaillé chez lui. Ce qui pourrait le faire supposer, c'est que Jean d'Ogerolles, comme Balthasar Arnoullet, se livre à la propagande religieuse, celui-ci en éditant Servet, celui-là en imprimant Du Pinet, beaucoup plus connu de nos jours par son pamphlet des *Parties casuelles de la bou-*

1. M. Deschamps, *Géographie ancienne et moderne*, cite un imprimeur à Bourg en 1624 seulement.

tique du Pape, que par ses *Plant7, Pourtraits et Descriptions des villes et forteresses d'Europe.*

Devenu la propriété d'Ogerolles, le plan d'Arnoullet fut-il encore plusieurs fois reproduit? Nous l'ignorons; mais ce qui est certain, c'est qu'à la date de 1598, nous le trouvons utilisé dans les exemplaires des éditions de Munster publiées en Allemagne, après avoir subi une légère modification, un nouveau changement de cadre, moins riche que le précédent, mais dans lequel on ne peut certainement pas voir un travail allemand; le cartouche du bas est veuf de tout nom, de plus le champ de la planche est légèrement diminué, sans doute parce qu'on avait dû raviver la planche fatiguée ou endommagée. Singulière destinée de ce bois gravé qui, imité en 1548 à Bâle, vient, à cinquante ans de distance, remplacer une copie jugée trop défectueuse! C'est une nouvelle preuve de la continuité, pendant cette période, des relations commerciales et scientifiques qui existaient entre les villes de Lyon et de Bâle.

Il faudrait avoir à sa disposition les nombreuses éditions de Munster pour savoir à quelle époque le plan d'Arnoullet passa en Allemagne, et à quelle époque aussi on cessa de s'en servir.

Quant au premier ouvrage de Guillaume Guéroult, les *Chroniques et Gestes admirables des Empereurs,* sans être ce qu'on appelle rare, il n'est pas commun, puisque l'on n'en connaît que trois ou quatre exemplaires. De la Corographie il ne reste que deux exemplaires, celui de M. le président Baudrier et celui provenant de la vente Yémeniz. Un exemplaire des *Chroniques et Gestes admirables des Empereurs* a péri dans l'incendie de l'Hôtel de Ville en 1871, mais comme pour défier toute nouvelle cause de destruction, ce plan allait reparaître aussi jeune et aussi nouveau qu'au xvie siècle : deux éditeurs parisiens, MM. Quantin et Rothschild, sans entente préalable, se proposent de le faire entrer dans leurs nouvelles publications et de lui assurer ainsi une immortalité relative, qu'il mérite non seulement parce qu'il est rare et peu connu, mais surtout comme le plus ancien *pourtraict* de Paris que nous aient légué nos ancêtres. Une fois de plus il vérifie l'adage : *Habent sua fata libelli.*

Vingt-trois ans après les *Chroniques et Gestes admirables des Empereurs* paraissait chez Nicolas Chesneau, rue Saint-Jacques, au Chesne-Verd, la *Cosmographie universelle de tout le monde, recueilly tant par Sébastien Munster que recherché par François de Belleforest, Comingeois, Paris, 1575.*

Le plan qui accompagne cet ouvrage est plus grand que les précédents, plus exact, mieux dessiné surtout : on y lit au bas de l'estampe, à gauche, au bas, dans un petit cadre, le mot CRUCHE. Ce nom, qui paraît être un nom de guerre, un mot de charade, un logogriphe, est celui d'un artiste distingué dans son temps, bien que M. A. Firmin-Didot, dans son *Essai sur la gravure sur bois,* ne le cite pas, et que M. Bonnardot avoue ignorer qui est le signataire du plan et s'il fut dessinateur ou graveur. Le possesseur de ce nom singulier était peintre et dessinateur et en même temps graveur.

Nous allons répondre à la question que se posait l'auteur des *Études archéologiques sur les anciens plans de Paris* par une citation de l'étude de Bréghot du Lut et Péricaud ainé, *les Lyonnais dignes de mémoire,* Paris, 1839, in-4°. « CRUCHE, graveur sur bois à Lyon, au XVIᵉ siècle ; c'est de lui que sont les gravures des *Funérailles des anciens de Guichard.* » Dans le supplément de cet ouvrage on trouve une note complémentaire : « CRUCHE. Son prénom était Pierre, comme on le voit dans les comptes de la ville, de 1564, où il est dit qu'on fit payer 40 livres parisis à maître Pierre Cruche, peintre de la ville de Lyon, pour être venu exprès de Genève à Lyon, où il avait séjourné un mois pour faire certains portraits et modèles tirés à l'entrée du roi (Charles IX) qui ne vint pas. » Ce nom, qui peut prêter à rire, fut porté au XVIᵉ siècle par des hommes qui n'étaient pas sans valeur. Dans une pièce de poésie de Pierre Grognet, chanoine d'Auxerre du temps de François Iᵉʳ, on trouve au chapitre intitulé *De la louange et excellence des bons facteurs* (auteurs) *qui bien ont composé en rime, tant de çà que de là les monts,* les vers suivants :

Maiftre Myro & maiftre *Cruche*
Eftoient bons joueurs, fans reprouche.

Ce *maître Cruche,* dont on ignore le prénom et la patrie, était-il l'oncle ou le frère du peintre lyonnais Pierre Cruche ? Il est probable qu'il était au moins son parent. On ne le connaissait guère que par cette mention citée par l'abbé Lebeuf, sans rien savoir de ses œuvres littéraires, et M. de Paulmy, *Mélanges tirés d'une grande Bibliothèque,* tome VIII, p. 61, avait pu dire « qu'il ne pouvait avoir de remarquable que son nom. » Le célèbre bibliophile se trompait. *Le Journal d'un bourgeois de Paris* sous François Ier, publié par M. Ludovic Lalaune, rapporte une anecdote sur maître Cruche, qu'il nous apprend avoir été prêtre et auteur de sotties. A la date du 24 avril 1515, il avait composé une pièce de théâtre dans laquelle il critiquait la conduite privée du roi; des courtisans, pour venger l'honneur de François Ier, l'attirèrent dans un guet-apens, place Maubert, sous le prétexte de lui faire représenter sa pièce : après la représentation, ils le firent rouer de coups et voulaient le jeter à la rivière; sa qualité de prêtre, qu'il prouva, lui sauva seule la vie. La leçon lui servit sans doute et, s'il continua à rimer, il ne s'attaqua plus aux puissances de ce monde.

Les plans d'Arnoullet et de Cruche ayant été dessinés à Lyon font supposer que cette ville avait une école spéciale où on cultivait avec succès la gravure sur bois. On peut objecter sans doute que la ville de Paris n'était pas dépourvue d'artistes qui pratiquaient ce genre de gravure. Il est certain que depuis les tailleurs d'images qui dessinèrent la première danse macabre, en 1485, pour Guyot Marchand, jusqu'à et y compris Geoffroy Tory, il y eut d'habiles praticiens qui illustrèrent les livres d'heures de Simon Vostre et de ses émules; mais on peut se demander si, à Paris, les graveurs sur bois s'occupaient alors de reproduire des actualités, des scènes historiques, des illustrations dans le sens moderne du mot, et s'ils n'étaient pas plutôt les continuateurs des miniaturistes, des faiseurs de lettres ornées, d'encadrements variés, en un mot, des ornemanistes.

Tout en faisant la part de l'exagération d'un auteur sujet à caution, il pourrait bien se faire que Thevet ne fût pas aussi éloigné de la vérité que l'on a voulu le prétendre, quand il affirmait qu'il avait contribué au progrès de la gravure en France et surtout à Paris : « J'ai attiré de Flandres les meilleurs graveurs, et, par la grâce de Dieu, je puis me vanter d'être le premier qui ait mis en vogue à Paris l'imprimerie en taille-douce, tout ainsi qu'elle était à Lyon, Anvers et ailleurs. »

Précisément les ouvrages de Thevet sont remplis d'illustrations dans le genre nouveau qu'on ne pratiquait pas encore à Paris.

André Thevet cite les ateliers de Lyon, et l'on a vu qu'ils étaient actifs et habiles, quand à Paris on ne paraissait pas s'occuper de cette branche de l'industrie, et de fait les premiers plans de Paris ne furent pas exécutés dans cette ville; pour en trouver d'une certaine importance il faut arriver jusqu'à Jean Le Clerc, *marchand et tailleur d'hystoires*, établi sous Henri III, rue Fromentel, à l'Étoile-d'Or, et ensuite, sous Henri IV, rue Saint-Jean-de-Latran, à la Salamandre, où sa veuve publia, en 1632, le *Théâtre géographique du royaume de France*, commencé en 1589, à Tours, et terminé seulement en 1654. Dans l'intervalle, Jean Le Clerc avait édité en 1614, entre autres belles pièces, le remarquable plan de Vassalieu, dont la description ou la légende explicative est due à la plume érudite du jurisconsulte lyonnais Étienne Cholet.

D'après ce qui précède, il résulte que le plan de Balthasar Arnoullet, celui dit improprement d'Ogerolles, enfin celui des dernières éditions de Munster, ne sont qu'un seul et même plan ou les trois états d'un seul et même plan : d'abord, sans cadre; puis, avec un encadrement portant le nom du libraire-éditeur Jean d'Ogerolles, qui l'utilisa et le rajeunit; enfin, en dernier lieu, avec un nouveau cadre, mais sans nom, ce qui a donné le change sur son origine. Il ressort également de l'examen comparatif du plan d'Arnoullet et de celui de Munster, considéré jusqu'ici comme l'original, qu'il n'est au contraire qu'une copie du premier, copie maladroite et défectueuse, qui perd beaucoup de son intérêt du moment que ce plan n'est plus un plan original, ni le premier en date.

Ce travail était terminé, lorsqu'en examinant certains détails du plan d'Arnoullet nous découvrîmes à l'aide de la loupe les majuscules S. A. en caractères beaucoup plus petits que les mots, peu nombreux d'ailleurs, de la légende qui se trouvent dans cette gravure. Leur ténuité, jointe à leur position anormale, avait servi à empêcher qu'ils ne fussent aperçus. Ces deux lettres sont placées dans l'intérieur de la ville, au pied et dans le sens de la muraille entre l'hôtel de Nesle et le couvent des Grands-Augustins.

On pourra objecter que ce n'est pas la place où ordinairement les artistes signent leurs œuvres; je ne me charge pas d'expliquer le fait, je me borne à le constater. Une autre objection plus spécieuse sem-

blerait résulter de la lecture que l'on pourrait faire
de ces deux signes S. A. par Saint-Augustin, à cause
du voisinage du monastère des religieux augustins.
Le dessinateur du plan de Munster n'a pas hésité à les
traduire par Saint-Augustin, ce qui équivaudrait
presque à un point d'interrogation; c'est une bévue
de plus à mettre à son actif; à bien voir, il n'y regar-
dait pas de si près. Mais il n'est pas difficile de
répondre à cette seconde difficulté. Ce couvent est
toujours désigné sous le vocable des *Grands-Augustins*, ou de *Couvent des Augustins*, ou encore simplement sous le nom des *Augustins*, jamais sous celui de
Saint-Augustin, évêque d'Hippone. Leur église était
dédiée, il est vrai, à Sainte-Anne, mais elle n'est
jamais mentionnée sur les plans sous le nom de sa
patronne, comme toutes les autres chapelles monas-
tiques, et c'est à peine si les historiens de Paris en
prononcent le nom. Le peu de développement du
plan d'Arnoullet n'a pas permis, comme dans le plan
de Truschet et Hoyau, de tracer le mur d'enceinte du
monastère qui partait de l'angle de l'église, sur le
quai, et se dirigeait vers la troisième tour de l'enceinte
méridionale. Si le dessinateur avait eu envie de désigner ce monument, il l'aurait inscrit en entier dans le
sens du cours du fleuve; il ne se fût pas borné à
donner deux simples initiales, moitié plus petites que
le reste du texte inscrit dans les diverses parties du

plan, fait qui ne se trouve pas renouvelé dans cette
gravure, et à les placer dans un coin perdu où il y a
juste place pour elles; enfin, un peu au-dessus de la
ligne du rempart, dans les dépendances mêmes de
l'hôtel de Nesle. Sur un plan d'une grande étendue,
celui de Truschet et Hoyau, par exemple, où le fait
est plus sensible, ces lettres se trouveraient reportées
dans une des cours de l'Institut, celle du manège de
l'ancien Collège des Quatre-Nations, auprès du puits.
Il ne faut pas hésiter, ce semble, à lire S. (?) Arnoullet. Quel est le prénom? Simon, Sébastien, peu
importe. C'est une recherche à faire dans les archives
de la ville de Lyon pour arriver à le connaître. Si l'on
joint à ce fait les deux autres du même genre rap-
portés plus haut, les poinçons attribués à Balthasar
Arnoullet, le monogramme B. A. et la découverte dans
le cabinet royal de Bruxelles par M. Rondot d'un
dessin de ville signé I. A., on arriverait à cette conclusion, qu'en dehors des quatre Arnoullet, imprimeurs, jusqu'ici seuls connus, il existait d'autres
membres de cette famille, deux au moins, qui culti-
vaient l'art de la gravure sur bois, pendant que les
premiers se faisaient un nom dans la typographie. Ce
seraient deux artistes qui avaient jusqu'ici échappé
aux recherches et qui viendraient s'ajouter à la liste
des graveurs sur bois du xvie siècle.

Il ne sera peut-être pas hors de propos, ni sans

intérêt, de rappeler ici comment les études géographiques se sont affaiblies, de jeter un regard en arrière, d'interroger l'histoire, et de dire en quelques mots par quelles circonstances l'étude de la géographie, et par conséquent les voyages, les expéditions lointaines et les relations entre les pays les plus éloignés, ont cessé, comme aussi par suite de quelles circonstances, au moyen âge, s'est produit une réaction, dont la conséquence, par les récits des voyageurs isolés, a été un regain de curiosité qui s'est traduit au xvie siècle, avec l'aide de l'imprimerie, par la publication des cosmographies, symptôme du temps et de l'esprit avantageux de l'époque, avide de s'affranchir des liens de la routine et de parcourir des routes depuis longtemps abandonnées, et ignorées, pour relier les traditions du passé et préparer les voies de l'avenir. Ce sera le sujet de la préface.

L'Abbé VALENTIN DUFOUR.

PRÉFACE

L A géographie était une science fort en honneur dans l'antiquité, l'étude en était très cultivée, les traités spéciaux de Strabon et de Ptolémée, de Pomponios Sméla, l'ouvrage d'Hannon et les nombreux fragments des *Périples* d'auteurs anciens prouvent, comme les *Itinéraires*, celui d'Antonin en particulier, la *Table de Peutinger*, que les notions générales de géographie se trouvaient alors répandues dans une société instruite et policée.

Ces itinéraires, ces cartes géographiques, selon certains auteurs, n'auraient pas été sans influence sur la marche des peuples barbares qui se dirigeaient tous vers l'Italie et suivaient avec méthode le même plan

de campagne pour arriver jusqu'à Rome. Ils ne s'é-
cartaient pas, en effet, de la route qu'ils avaient à
parcourir, et ils obéissaient aveuglément à des chefs
habiles et instruits qui s'étaient formés dans les écoles
d'Athènes ou d'Alexandrie. Les partisans de ce système vont même jusqu'à dire que les empereurs
firent détruire avec le plus grand soin les cartes rou-
tières et les itinéraires officiels qui ne favorisaient que
trop les marches stratégiques des hordes barbares.
Dès que leurs chefs sont devenus des rois puissants,
qui aspirent à remplacer les Césars, la géographie
reprend son importance et retrouve des encourage-
ments, en affirmant son utilité.

Du xᵉ au xvıᵉ siècle, c'est à peine si quelques
manuscrits, échappés à la destruction, se conser-
vent dans les cloîtres, comme les derniers vestiges de
la science géographique des anciens. Tous les itinéraires figurés, toutes les cartes peintes ont été dé-
truits impitoyablement, comme les images, par les
iconoclastes : la géographie n'est plus enseignée nulle
part dans l'Occident enveloppé dans les ténèbres de
la barbarie.

Le grand mouvement des croisades ranima en Europe les études géographiques : il fit connaître les
auteurs arabes, seuls véritables géographes de l'époque, rendit plus fréquents les voyages en Orient, et
donna une nouvelle impulsion aux missions catholiques
et scientifiques qui remontent au xıııᵉ siècle. Le pape
Innocent IV et le roi Louis IX eurent, en même

temps, l'idée de savoir ce qu'il y avait de vrai dans les récits populaires concernant un personnage légendaire, espèce de pape, appelé le *Prêtre-Jean*, qui, disait-on, gouvernait un État chrétien, situé en Tartarie, où personne n'avait encore pénétré. Le pape envoya donc en Asie deux ambassades ou plutôt deux missions : l'une fut confiée à des religieux de l'ordre de Saint-François, l'autre à des moines dominicains, la première chez les Mongols, la seconde en Perse et en Arménie. La relation de la première ambassade fut écrite par frère Jean de Plano-Carpini, qui était parvenu, avec ses compagnons, jusqu'aux bords du Volga. L'ambassade envoyée au grand Khan de Tartarie, par saint Louis, quelques années après, eut des résultats plus sérieux pour la science géographique, et le moine franciscain Ruysbroeck, Flamand, plus connu sous le nom de Rubruquis, consigna dans le récit de son voyage bien des détails intéressants sur des contrées lointaines qu'on ne connaissait plus même de nom.

Un autre voyageur, le Vénitien Marco Polo, qui, peu de temps après Rubruquis et Jean de Plano-Carpini, était allé chercher fortune en Tartarie, et qui occupa pendant vingt années un poste élevé à la cour du grand Khan, avait profité de son séjour et de ses excursions dans l'Asie pour réunir une multitude de notes précieuses sur la géographie des pays qu'il habita si longtemps. A son retour dans sa patrie, en 1298, il dicta le récit de ses longs voyages à un romancier, nommé Rusticien de Pise, qui les écrivit

c

d'abord en français, huit ans avant que Marco Polo
les eût fait écrire en italien. Cette relation importante
et très véridique, malgré la crédulité naïve de l'auteur,
contenait la plus ample description et la plus fidèle
qu'on eût encore de la Tartarie, de la Mongolie, du
Cathay ou de la Chine, et de quelques autres parties
de l'Asie centrale. Ce fut, en quelque sorte, le premier essai de la géographie pittoresque. L'exemple de
Marco Polo trouva des imitateurs qui ne l'égalèrent
pas. Les voyageurs se succédèrent en Asie jusqu'au
XV siècle : c'étaient des moines, la plupart francis-
cains ou dominicains : Ricoldi de Monte-Croce, Jean
de Monte-Cervino, Odéric de Frioul, Jean de Mari-
gnola. Le plus célèbre de tous fut un Anglais, Jean
de Mandeville, qui, de 1322 à 1356, parcourut à peu
près tout le monde connu alors, pour le plaisir de
voir et de savoir, et qui, après avoir fait un pèleri-
nage en Terre Sainte, explora une partie de l'Afrique
et presque toute l'Asie. La relation de ses voyages,
écrite en anglais, est surchargée d'histoires merveil-
leuses et fait peu d'honneur à son jugement comme
à sa critique.

Cependant, il ne faut pas l'oublier, les écrivains
de voyages sont comme des chroniqueurs adjoints, nar-
rateurs également estimables des nouveautés et des
idées de leur temps, des jugements et des croyances
qui couraient en France sur les pays étrangers. Nous
ne pouvons omettre ici des ouvrages qui, par leur
sujet spécial, et malgré la crédulité excessive, les

aventureuses affirmations de leurs auteurs, ne furent point sans influence sur l'opinion et la littérature de leur temps. Nous avons déjà nommé au premier rang Jean de Mandeville. De nombreux et lointains voyages furent exécutés dans le xive siècle; c'est justice de rappeler les noms et les travaux de ces hardis explorateurs dont le souvenir est à peine conservé, effacé qu'il est par de plus habiles ou plus heureux pionniers de la science. Vers 1325, Bonasmas, Quercinois, s'était déjà rendu en Égypte; des navigateurs normands avaient visité la côte d'Afrique et s'étaient avancés au sud des îles Canaries, dès l'année 1365.

Jean de Mandeville voyageait, nous l'avons déjà remarqué, dès l'année 1322 dans le Levant. Ses pérégrinations durèrent trente-trois ans; cette particularité mérite bien quelque indulgence pour les défauts de l'auteur. La description qu'il a laissée de son voyage en Égypte, Libye, Arabie, Syrie, Médie, Mésopotamie, Perse, Chaldée, Illyrie et Tartarie ne sert aujourd'hui qu'à l'histoire des voyages, sans fournir des renseignements d'un grand intérêt. Le moine Lelong traduisit en français une collection de ces pérégrinations lointaines, qui sont aujourd'hui réunies dans un très beau manuscrit de la Bibliothèque nationale, sous le titre de *Merveilles du Monde* (fonds franç. ms. 8992).

En 1351, Jean Lelong traduisit le *Traictié de l'Eflat et des conditions des XIIII royaumes d'Afie, et du paffage d'Oultremer à la Terre Sainte,* écrit en latin par Aycone, « lisez Hayton, seigneur Courchy, Coucy, en 1350, » l'Itinéraire du frère prescheur Bicult; le voyage d'un frère mineur nommé Odericus de Forojulio, composé en 1330; le Traictié de l'estat de la Terre Sainte et aussi en partie de la Terre d'Égypte de Guillaume de Bouldeselle; enfin, la lettre du grand Caan de Cathay au pape Benoit XII, et l'état et gouvernance du grand Caan de Cathay.

Un manuscrit de la Bibliothèque du roi d'Angleterre attribue quelques-unes de ces traductions à Jean de Vignay, auteur contemporain. Deux manuscrits de la Bibliothèque nationale de Paris contiennent les traductions de Jean Lelong; n° 8391 et 8392; le n° 8392 est le plus beau des deux.

Revenons à Jean de Mandeville ; plusieurs voyageurs, qui avaient vu moins de pays que lui, se sont montrés meilleurs observateurs et géographes plus exacts. Tel fut Bertrandon de la Brocquière, gentilhomme bourguignon, un des derniers qui portèrent le bâton du pèlerin en se rendant à Jérusalem.

Les voyageurs de caravane semblent avoir donné l'éveil aux voyageurs de mer, aux navigateurs. L'emploi de la boussole va permettre de remplacer le cabotage par la navigation au long cours : les Français, qui jouèrent un si grand rôle dans les croisades, furent les premiers à perfectionner la boussole, comme l'atteste la fleur de lis qui, chez toutes les nations maritimes, désigne le Nord dans la rose des vents. Il est probable que les Arabes firent connaître

l'usage de la boussole aux Occidentaux et qu'eux-mêmes
l'avaient reçue des Chinois. L'emploi de la boussole
eut une influence immense en facilitant les voyages
de découvertes ; elle fit une révolution dans la navigation, comme l'emploi de la poudre à canon, qui nous
vient également des Chinois par l'entremise des Arabes,
en fit une autre dans l'art militaire, à peu près à la
même époque.

Si nous faisions l'histoire de la géographie, ce serait ici le lieu de parler des expéditions des Portugais,
mais nous n'avons pour but que de tracer les grandes
lignes pour faire comprendre ce qui a donné lieu à
la publication des premières cosmographies et l'enthou-
siasme avec lequel on recherchait et accueillait les
premières relations des voyages lointains.

Nous arrivons ainsi sans transition aux deux faits
qui ont bouleversé le monde et préludé à l'ère moderne : la découverte de l'Amérique et l'invention de
l'imprimerie. C'est à partir du xve siècle que les navigateurs commencèrent à écrire leurs voyages, ou à
les faire écrire en abrégé par des cosmographes qu'ils
avaient ordinairement à leur bord.

Les conquêtes, les découvertes des Portugais et ensuite des Espagnols, qui d'ailleurs dans un intérêt per-
sonnel et patriotique en cachaient avec soin les résultats, ne profitèrent pas immédiatement à la géographie,
car les navigateurs et les conquérants se souciaient peu
d'étudier le pays, où ils ne cherchaient que des mines
d'or et d'argent à exploiter. Mais dès que les voya-

geurs furent des naturalistes, des curieux ou des lettrés, l'Amérique fut mieux connue sous le rapport de la géographie et de la cosmographie.

Le roi François Ier, qui eût souhaité faire une part à la France dans le nouveau continent que l'Espagne n'occupait pas encore tout entier, avait du moins attribué aux études géographiques le rang qu'elles méritaient, dans la fondation du Collège royal. Il favorisa la plupart des voyages qui furent entrepris sous son règne : parmi ces voyages, on ne doit pas oublier celui de Jacques Cartier, qui découvrit le Canada (1533). D'autres voyageurs français, non moins courageux, non moins dévoués à la science, parcoururent les deux hémisphères et recueillirent dans leurs lointaines pérégrinations les renseignements les plus utiles pour la géographie; tels furent André Thevet, qui n'est pas un inconnu pour nous (voir dans la *Collection des anciennes Descriptions de Paris,* la notice que nous lui avons consacrée), Pierre Gilles et Pierre Belon, qui publièrent d'excellentes Cosmographies sur le Levant; Jean Parmentier et François Nicolay, qui avaient visité les deux Indes et qui en rapportèrent une ample moisson d'observations intéressantes. Parmi les voyageurs infatigables qu'on rencontrait sans cesse au bout du monde, il ne faut pas oublier les compagnons d'Ignace de Loyola et de François-Xavier, qui commencèrent dès lors à écrire l'histoire de leurs missions dans des pays encore idolâtres où ils allaient prêcher l'Évangile et planter la croix.

Les publications géographiques étaient assez re-
cherchées en France, à cette époque, pour que la
librairie parisienne osât mettre sous presse, en même
temps, sous le règne de Charles IX, deux énormes
compilations, imitées de la célèbre *Cofmographia* de
Sébastien Munster et intitulées également *Cofmographie*
univerfelle, l'une par François de Belleforest et l'autre
par André Thevet, toutes deux ornées de cartes et
de figures sur bois. Nos lecteurs ont fait connaissance
avec Thevet et avec Belleforest, qui ont été l'objet
d'études dans nos précédentes publications. Aujour-
d'hui nous allons nous occuper spécialement de leurs
prédécesseurs immédiats : Sébastien Munster (1552),
Antoine du Pinet (1564), et Georges Braün (1574),
qui, eux aussi, ont consacré à Paris un article plus ou
moins étendu dans leurs ouvrages encyclopédiques.
Avant d'entreprendre la publication de la *Collection*
des anciennes Descriptions de Paris nous avions fixé
notre attention sur un certain nombre d'auteurs qui
en devaient faire partie, notre prospectus en fait foi;
si nous nous étions astreint à l'ordre chronologique,
nous aurions dû publier en premier lieu Munster ;
mais, indépendamment de la brièveté de son texte, il
fallait préparer la carte qui devait l'accompagner ;
d'ailleurs, nous avions plusieurs autres ouvrages ou
entièrement inédits ou moins connus que nous préfé-
rions offrir au public amateur des curiosités parisiennes.

Dans l'intervalle, nous nous sommes décidé à donner,
ce que nous exécutons aujourd'hui dans un seul et

même volume, trois auteurs contemporains : Munster, du Pinet et Braün, tous trois offrant un texte fort court, tous trois ayant joint une carte à leur description. Ce volume, peut-être le plus mince, sera certainement le plus intéressant de la série ; on y trouvera le premier plan ou pourtrait de la ville de Paris, plan qui depuis a été recommencé un nombre infini de fois, aussi souvent que son éloge.

Nous allons, du reste, consacrer à chacun de ces trois auteurs un petit article biographique, bibliographique et explicatif du plan qui illustre sa narration.

I.

Munster (hébraïsant et mathématicien allemand), qui vint au monde en 1489 à Ingelheim (Hesse-Darmstadt)[1] est mort de la peste à Bâle, le 23 mai 1552. Après avoir terminé ses premières études, il se rendit à l'âge de seize ans à Tubinge, où il suivit les cours de Stapfer et de Reuchlin. Dans le but de se consacrer tout entier à l'étude, il entra dans l'ordre des Cordeliers, mais

1. Pour distinguer deux villes du grand-duché de Hesse-Darmstadt de même nom, on désigne la patrie de Munster sous le nom de *Nieder Ingelheim,* l'autre est dite *Ober Ingelheim.* La première était un des principaux séjours de Charlemagne, qui y fit construire, de 768 à 774, un palais dont on voit encore quelques ruines.

la lecture de quelques ouvrages de Luther le gagna
à la cause de la réforme; il quitta bientôt son couvent :
c'était dans les commencements du luthérianisme.

Malgré sa défection, Munster ne paraît pas avoir
été mêlé d'une manière active aux luttes politiques
et religieuses de son époque. Séduit par la nouveauté,
entraîné par les apparences, il rêva comme tant d'autres enthousiastes une égalité et une félicité impos-
sibles ici-bas. Revenu vite de ses illusions, il prit le
seul parti honorable qui lui convenait : il se livra entièrement à ses études favorites; on verra par le
nombre de ses ouvrages qu'il avait peu de temps à
donner à la polémique.

En 1529, il fut appelé à Bâle, où il enseigna successivement l'hébreu et la théologie. Munster joignait
une modestie excessive à des talents réels : on fut
obligé d'user d'une espèce de violence pour le déterminer à accepter les fonctions de recteur.

Ses connaissances lui firent une grande réputation
et lui acquirent l'estime des érudits de son temps,
quoi qu'en ait dit J.-J. Scaliger. Pour rappeler qu'il
fut à la fois profond mathématicien et savant hébraïsant on grava sur sa tombe ces mots :

GERMANORUM ESDRAS HIC, STRABOQUE
CONDITUR.

S'il eût été besoin d'illustrations pour ce volume,
nous aurions donné, d'après la *Cosmographie,* le por-

trait de son auteur. Il est représenté de trois quarts,
regardant le lecteur, vêtu d'un costume de bourgeois
de l'époque, tenant un livre fermé à la main et cou-
vert du chapeau comme Érasme, Holbein, Luther et
la plupart de ses contemporains ; le nez est droit, la
bouche petite, la barbe forte, quoique rasée entièrement, l'œil vif et profond, dans l'attitude de la mé-
ditation. Ce portrait n'est pas signé ; au haut, dans le
cadre on lit : S. M. (Sébastien Munster) anno ætatis
suæ 60 (à l'âge de soixante ans) ; il a donc été dessiné
en 1539.

On a de lui quarante ouvrages différents, dont on
peut voir le catalogue complet dans le *Geographic
Büchersaal de Héger.* Nous citerons les plus intéressants. Voici la liste des principaux d'entre eux :

*Biblia hebraïca, cum latina planeque nova transla-
tione, adjectis insuper e rabbinorum commentariis annotationibus;* Bâle, 1534 et 1535, 2 vol. in-fol. ; la
version n'est pas mauvaise et les notes sont bonnes
au point de vue grammatical. — *Fides christianorum
sancta, recta et perfecta atque indubitata;* Bâle, 1537,
in-folio. On trouve à la fin de ce volume une traduction hébraïque, fort médiocre, de l'Évangile de saint
Mathieu ; Cinquarbres fit réimprimer cette traduction
à Paris, 1550, in-8°, avec quelques changements, et du
Du Tillet en donna une meilleure édition en 1555.—
*Calendarium biblicum hebraïcum, ex hæbræorum pene-
tralibus editum;* Bâle, 1527, in-4°. — *Sphera mundi
et arithmeticæ,* heb. lat. ; Bâle, 1546, in-4°. Les notes

seules sont de Munster, la traduction latine est de Schreekenfuchs. — *Colloquium Judæo de Messia,* heb. lat. ; Bâle, 1539, in-8°. — *Grammatica chaldaïca ;* Bâle, 1587, in-4°. Munster se glorifie dans sa préface, à juste titre, d'avoir le premier réduit la langue chaldaïque en principes. — *Institutiones grammaticæ in hebræam linguam;* Bâle, 1524, in-12. — *Grammatica Ebrea ;* Bâle, 1525, 1544 et 1549, in-8°. — *Lexicon Hebræo-Chaldaïcum;* Bâle, 1508, in-8" — *Dictionnarium trilingue, in quo latinis vocabulis in ordinem alphabeticum digestis, respondent græca et hebræa,unacum appendice de hebraicis quibusdam vocalibus, tropis et modis loquendi, qui rabbinis sunt familiares;* Bâle, 1530, 1535, 1553 et 1562, in-folio. — *Horologiographia ;* Bâle, 1531 et 1535, in-4° : traité de gnomonique plus complet que ceux qui avaient été publiés auparavant, car Munster n'est pas le premier, comme le croyait Lalande, qui ait donné un traité de gnomonique. — *Organum Uranicum, theorice omnium planetarum motus canones,* etc. Bâle, 1536, in-folio, traduit dans toutes les langues. Les cartes qui accompagnent le texte de l'ouvrage de Munster sont gravées sur bois et sont un monument remarquable de cette partie de l'art. Celle de Suisse, qui est en deux feuilles, est la première carte de ce pays qui ait été publiée. — *Rudimenta mathematica in duos libros digesta;* Bâle, 1551, in-folio, mais son ouvrage le plus connu est la *Cosmographie,* qui parut en allemand sous ce titre :

Cosmographei ader Beschreibung aller Laüder,

*Herrschafter, furnemsten Stelten, Geschichten, Ge-
brenchen, Hantieremgen,* etc. *Basil, H. Petri,* 1550,
in-folio de 1233 p. avec fig. en bois. Le texte de cet
ouvrage, traduit dans toutes les langues, est aujour-
d'hui sans intérêt; mais les gravures en bois qui l'accompagnent donnent du prix à cette édition, que les
amateurs d'anciennes planches sur bois recherchent et
préfèrent à toute autre. On y compte 14 cartes. La
première édition est de *Bâle, H. Petri,* 1541. Les
autres éditions qui ont été faites dans la même ville,
en 1569, 1574 et 1578, in-folio, ont 26 cartes, mais
les épreuves des vignettes en bois en sont mauvaises.

Les éditions de Bâle, 1592, 1598 et 1614, in-folio,
renferment 26 cartes gravées de nouveau, et plusieurs
nouvelles planches en bois. Pour le plan de Paris
joint à cet ouvrage, se reporter à ce que nous en avons
dit au début de l'introduction de ce volume.

Munster a traduit lui-même sa *Cofmographie* en
latin, *Bâle,* 1550 *et* 1554, in-folio, édition qui reproduit les planches employées dans le texte allemand
sous la même date. Ces planches reparurent encore
dans la traduction française de la *Cofmographie univerfelle, Bâle, Henri Pierre,* 1552, in-folio. C'est à
cette édition que nous avons emprunté le texte et les
gravures qui se rapportent à Paris, et que nous reproduisons plus loin : texte trop court que nous ver-
rons Belleforest augmenter considérablement. Quant
à la vignette qui représente un monument public, il ne
ressemble à aucun des édifices de Paris ; il rappelle

plutôt une maison de ville suisse ou allemande (rath-haus), et un peu l'hôtel de ville de Berne.

On a également une traduction italienne de la *Cof-mographie* de Munster, imprimée à Bâle, chez H. Petro, en 1558, in-folio, où sont reproduites les planches déjà employées dans le texte allemand et dans les traductions latines et française indiquées ci-dessus.

Le seul des ouvrages de Munster dont nous ayons à nous occuper ici, et encore de la seule partie qui traite de Paris, est sa *Cofmographie* composée originai-rement en allemand (1550) et traduite par l'auteur en latin (1550 et 1554). Nous ignorons de qui est la traduction française dont voici le titre exact : La Cos-mographie universelle, *contenant la situation de toutes les parties du monde, avec leurs propriétez et appartenances. La defcription des pays et régions d'icelluy. La grande variété et diverfe nature de la terre. Le vray pourtraict des animaulx eftranges et incogneuz, avec le naturel d'iceulx. Les figures et pourtraictz des villes & citez plus notables, l'origine, l'accroiffement & tranfport des Royaumes, enfemble les Couftumes, Loix, Religions, Faictz & changemens de toutes les Nations, avec les généalogies des Roys, Ducz & autres Princes de toute la terre, par* Sébas-tien Munstere (sic).

Avec privilège du Roy (Henri II) pour six ans, accordé à Henry Pierre, *marchand libraire et bour-geois de la ville de Bafle, l'un des cantons de noz alliez & confédérez & bons compères les Suisses ;* Paris, le XX janvier 1552. Signé : De Roissy, Hurault.

Le texte français ne diffère de la traduction latine de l'auteur que parce que l'on a omis d'y mettre ou d'y traduire deux passages, qui se trouvent dans le texte allemand : une citation d'Architrenius et des extraits du poème de Knobelsdorf, *Lutetia* : on les trouvera dans l'appendice (n° 1). On pourra juger de la latinité de Munster, en même temps que l'on aura une idée du français contemporain. S'il est difficile de déterminer quel en est l'auteur, on peut l'attribuer, sans crainte de se tromper beaucoup, à quelqu'un de ces nombreux réfugiés français qui fuyant la persécution religieuse étaient allés demander l'hospitalité au sol de la Suisse libérale. Comme Genève, Bâle, ville indépendante, offrait aux émigrés la ressource de professer dans son Université ou de travailler à la correction des textes dans les offices des Fræben, des Ammerbach, des Græneben, des Pierre, etc.

L'esprit d'Érasme attirait plutôt du côté de Bâle les vrais amateurs de l'antiquité que la froide et cruelle dictature de Calvin n'engageait les dissidents à fréquenter Genève.

La traduction française de Braün nous montrera plus loin une différence de texte avec la version latine, comme celle que nous venons de constater entre les éditions latine et française de Munster quoique faite sous les yeux de Munster lui-même.

On a beaucoup critiqué, beaucoup trop peut-être, la *Cofmographie* du cordelier allemand ; il s'était entouré de toutes les précautions qui pouvaient assurer à son livre exactitude et authenticité ; ainsi, à défaut de livres imprimés dont il s'est servi, comme de celui de Corrozet pour Paris, on le voit demander — et recevoir — de Bonnivard des documents pour l'histoire de Genève, comme aussi se plaindre que les magistrats de Lyon lui ont refusé communication de notes et surtout d'un plan de leur ville, procédé qu'il trouve, de fait, peu aimable de leur part.

Nous empruntons à M. Bonnardot la description qu'il a donnée du plan de Sébastien Munster, représentant Paris vers 1530. « Vers le commencement du xvie siècle, ère de progrès en tout genre, quelques dessinateurs obscurs créèrent la topographie, c'est-à-dire appliquèrent l'art du dessin à la *pourtraicture* des villes et des monuments, à une époque où les artistes mettaient leur honneur exclusivement à reproduire des tableaux religieux et mythologiques, des blasons et des portraits de hauts personnages, ces sortes de travaux leur rapportant des *écus au soleil*, plus sûrement que n'eût fait une représentation *ad vivum* d'un édifice public ou d'une ville. C'est donc pour les antiquaires du xixe siècle une bonne fortune que l'idée survenue à quelques éditeurs géographes de nous léguer des portraits de nos cités. L'entreprise était neuve et le grand nombre d'éditions des ouvrages où ces plans apparurent sont une preuve de leur succès.

« Le plus ancien plan gravé que je connaisse représente cette ville vers 1530, quoique le texte annonce l'année 1548. C'est une horrible estampe sur bois, qui n'offre aucun intérêt que sa date. Elle se trouve insérée dans plusieurs éditions de la *Cofmographie* de Sébastien Munster, cordelier allemand. La première édition de cette géographie est, selon Brunet, de 1541. On voit à la Bibliothèque nationale (G. 43) celle de 1544. Toutes deux sont en allemand, éditées à Bâle, et ne contiennent aucun plan de Paris. Mais dans l'édition latine de 1550 se trouve le plan en question. Il existe peut-être une édition de 1548 qui déjà le renferme, puisqu'au revers de la planche on lit (en diverses langues) que ce plan représente : Le portrait de la ville de Paris en 1548.

« C'est donc dans la *Cofmographie* de Sébastien Munster, édition de 1550 et suivantes, que se trouve inséré le premier plan gravé de Paris (du moins à ma connaissance), plan dont les détails annoncent la date que je lui attribue. Il existe même des éditions publiées à Bâle ou ailleurs, au commencement du XVIIe siècle, avec tirages ou copies de la même planche. Celles de 1550 et 1554 sont des traductions latines, dues, selon Brunet, à Sébastien Munster lui-même; celles de 1552 et 1556 sont des traductions françaises.

« Au reste, peu nous importe que le texte de cet ouvrage, qui est presque partout un tissu d'absurdités, soit en telle ou telle langue ; le point essentiel pour nous, c'est de constater la date de la première apparition du plan de Paris. Quant aux quelques lignes de

texte qui concernent cette ville, elles n'ont pour nous
aucune valeur. « Je décrirai ce plan à vol d'oiseau,
d'après l'édition française de 1552, publiée à Bâle
par Henry Pierre (Bibl. de l'Arsenal, 205 ter, H.).
En haut du titre on lit : *La Cofmographie univerfelle;*
ces trois mots forment quatre lignes en majuscules.
A la page 89 se trouve le plan, dont la ligne d'encadrement a 36 centimètres sur 25 1/2. Au haut et
au delà de cette ligne est écrit en caractères ronds :
*La Ville de Paris par tout tant renommée et principalle
ville du Royaulme de France.* En haut, à droite, sont
les trois fleurs de lis sur une bannière ; à gauche,
une tablette contient des noms d'édifices correspondant à sept lettres de renvoi[1]. Les armes de Paris n'y
figurent pas. Derrière le plan, au recto du feuillet 89,
on lit cette inscription : *Le Portrait de la ville de
Paris, felon la fituation et la forme qu'elle avoit en*

---

1. Voici cette nomenclature que M. Bonnardot ne donne pas.
« Les noms d'aulcuns édifices qui n'ont pu être mis en leurs
places, à cause que le lieu étoit trop estroit : A. La Sorbonne.
B. Le Palaiz. C. L'Hostel de la Ville. D. Le grand temple de
nostre Dame. E. Le chemin pour aller en Picardie. F. La porte
et le chemin de S. Denys. G. La porte S. Martin. »
   Voici les quelques noms que l'on trouve inscrits dans le plan :
S. Lorenz. Lepsoriu (Leprosorium). Rhodiani. (Le Temple) S. Martin. Hospital. S. Innocent. S. Catharina. S. Mary. S. Gervais.
Arx regis (le Louvre). Arx valida (la Bastille). S. I home (S. Antoine). Monasterium. S. Crux. — Sequana flumen. — S. Victor.
S. Marceau. Cordelières. S. Médard. Collegium regium. Collegia.
S. Séverin. S. Augustin. Suburbium S. Jacobi. Carthusia S. Germain. Cet amalgame de noms en français et en latin est commun
aux plans des éditions latine et française. Les noms seuls indi-
qués par des lettres sont en latin avec l'avis qui les précède dans

1548, *dedans et hors les murs. Il n'a pas été poſſible
de déployer en ſi peu de papier tous les édifices qui
ſont dedans ceſte ville, ne toutes les rues qui ſont en
icelle. Ce sera aſſeʒ de voir comment elle eſt diviſée
en trois partʒ par la rivière de Seine et conjointe par
les pontʒ qui y ſont.*

« Cette planche m'a paru être identiquement la
même dans toutes les éditions de Munster; cependant on y remarque quelques dissemblances. Ainsi,
sur le plan de l'édition latine de 1554, on lit dans
une banderole flottante tracée au haut et à l'intérieur
du plan, l'inscription en majuscules : *Lutecia Pari-
ſiorum, toto orbe celeberrima* [1], *caput Regni Franciæ.*
Cette banderole n'existe pas ici. Si, dans les diverses
éditions que j'ai vues, sans pouvoir les comparer,
l'estampe n'est pas tirée de la même planche, c'est du

l'édition latine, ce qui fortifierait l'opinion de M. Bonnardot, que
l'on s'est contenté de faire un calque fidèle de la planche originale.
Voici ce texte : *Nomina quorumdam ædificiorum quæ suis quibusque locis ob spatii angustiam signari nequierunt.* A. Sorbona.
B. Palatium regis. C. Prætorium. D. Summum Templum. E. Via
ad Picardiam. F. Porta et via S. Dionysii. G. Porta et via S. Martini.

Indépendamment du tracé général, on peut reconnaître un plan
copié d'après celui de Munster, quels qu'en soient l'échelle et l'idiome,
en cela qu'il présente une inscription en tête et des noms de monuments en français et en latin ; on s'est contenté de copier servi-
lement l'original. Nous espérons en offrir une preuve en publiant
un petit plan très rare que nous comptons joindre à une *Description de Paris* non moins rare, imprimée à Lyon en 1552, et que
nous n'avons pu rencontrer, jusqu'à ce jour, dans les bibliothèques
publiques de Paris. Voir le plan qui accompagne le texte de Du
Pinet. V. D.

1. Notissimaque. (Bibl. Sainte-Geneviève. G. 12.)

moins un calque fidèle, puisque la dimension est
identique. « Il eût été difficile de tracer une image
plus grossière de notre capitale. Il n'y a aucune exactitude dans les proportions ou la direction des rues,
ni dans la distance respective ou la représentation
des édifices. Il me suffira de dire que l'abbaye Saint-
Germain consiste en une tour ronde au milieu d'un
clos, et Notre-Dame en deux sortes de colombiers
côte à côte. La désignation des rues et des édifices
est tantôt en latin, tantôt en français ; la rue Saint-
Anthoine se nomme *S. Thome;* la rue Saint-Jacques
Suburbium S. Jacobi [1], etc. Sur la rive droite de la
Seine sont figurées deux enceintes. La plus étendue
des deux est le rempart de Charles V qui, jusqu'à
l'an 1635, forma la limite de Paris sur la rive droite.
On y remarque encore la tour de Billy, détruite en
1538. L'autre enceinte, plus étroite, non attenante
aux maisons, et consistant en un gros mur élevé en
1190, est encore entière, et se relie aux anciennes
portes de Philippe-Auguste, démolies entre 1529 et
1535. Le millésime 1548, inscrit derrière le plan, ne
peut donc s'appliquer qu'à l'époque où la gravure
aura été exécutée d'après un dessin antérieur. Admet-
trons-nous que les portes de Philippe-Auguste, etc.,
ont été à dessein retracées ici comme encore subsis-
tantes, quoiqu'elles n'existassent plus en 1548? Cette

---

1. C'est une erreur, ce n'est pas la rue, mais le faubourg hors
la ville, qui est désigné; *suburbium* signifie sous la ville, faubourg.

supposition est peu vraisemblable; on eût plutôt rajeuni que vieilli un plan destiné à faire connaître l'image de Paris *moderne*.

« Il m'a été impossible de remonter à l'origine du modèle qui a servi au graveur allemand. Il n'a pu prendre pour base de son travail un plan exécuté en tapisserie dont je parlerai bientôt, tapisserie qui probablement n'était pas encore terminée en 1548, et, d'ailleurs, n'offrait plus, au nord, une seule des portes de l'enceinte de Philippe-Auguste. Peut-être le dessin de cette planche aura-t-il été tracé de souvenir ou d'après quelques descriptions orales [1]. Du reste, le cordelier Sébastien Munster n'a point, au sujet de l'estampe insérée dans son livre, une haute prétention, puisqu'il annonce avoir eu seulement l'intention de faire voir comment notre capitale se divisait en trois parties.

« Il faut avoir de l'indulgence et même de la reconnaissance pour le premier géographe qui ait tenté de publier des plans de ville, à une époque où il fallait, pour les dresser, s'aider de ses propres efforts.

« La géométrie, en effet, ne pouvait être alors d'un grand secours au milieu de ce dédale de rues étroites, tortueuses et toujours encombrées, qui constituaient alors la plupart des villes d'Europe. Ce n'était guère donc que de mémoire, et après un examen fort incomplet, qu'on pouvait crayonner tant bien que mal

---

1. Pourquoi pas plutôt d'après un croquis grossier ou un dessin élémentaire? V. D.

la forme de leurs rues et de leurs principaux édifices.

« Le nom du graveur de ce plan informe nous est inconnu. C'est, au reste, un renseignement assez inutile. Au bas des épreuves primitives, on remarque, à droite, près du gibet de l'abbaye Saint-Germain, les initiales accolées H R. M D., suivies d'un poignard placé horizontalement, dont la pointe regarde le D. » Le poignard paraît renfermé dans sa gaine et les cordons qui l'accompagnent destinés à le fixer au ceinturon. »

Complétons l'étude de M. Bonnardot sur le plan de Sébastien Munster par la notice que M. Franklin a publiée sur le même sujet plus récemment.

« En 1541, un cordelier allemand nommé Sébastien Munster publia un traité de géographie qui obtint un grand succès. En 1550, peut-être même dès 1548, il traduisit son livre en latin et le publia à Bâle sous ce titre : *Cofmographiæ univerfalis libri fex*. A la page 89 de cette traduction se trouve le plus ancien plan gravé de Paris que l'on connaisse. C'est d'ailleurs, comme on le voit par notre fac-similé, une image encore bien grossière et bien informe. L'auteur éprouve même le besoin de s'en excuser. Une inscription placée au verso de la gravure nous apprend qu'il n'a pu, dans un si petit espace, montrer les édifices et les rues innombrables de la grande ville ; il a donc dû se contenter, ajoute-t-il, de faire voir comment, divisée par le fleuve en trois parties, ses ponts la réunissent en une seule. Voici cette note.

« *Civitas Parifienfis, delineata fecundum fitum & figuram quam habuit hoc Chrifti anno 1548, intra & extra mœnia. Interiora quoque ejus ædificia & infiniti vici in tam angufto fpacio omnes explicari nequiverunt. Sat fuerit videre urbem trifariam per Sequanam diftinctam, atque per pontes rurfum conjunctam.*

« D'après cette inscription, notre plan aurait donc été dressé en 1548, ce qui est inadmissible. On y trouve, en effet, la tour de Billy, qui fut détruite par la foudre au mois de juillet 1538, et les portes de l'enceinte élevée par Philippe-Auguste, portes qui furent démolies entre 1529 et 1535; en revanche, on y voit mentionné le *Collegium Regium* qui fut fondé en 1529. Il est donc probable que cette planche représente Paris vers 1530.

« Elle mesure trente-neuf centimètres sur vingt-cinq et demi, et on lit en tête : LUTETIA PARISIORUM URBS, TOTO ORBE CELEBERRIMA NOTISSIMAQUE, CAPUT REGNI FRANCIÆ. En haut, à droite, trois fleurs de lis ornent une bannière qui flotte au-dessus de l'abbaye de Saint-Victor. A gauche, dans un cadre fort peu élégant, figurent au nombre de sept les *Nomina quorumdam ædificiorum quæ fuis quibufque locis fpatii anguftiam fignari nequiverunt.*

« Les inscriptions, d'ailleurs fort peu nombreuses, sont écrites tantôt en latin, tantôt en français. »

Ces .descriptions sont certainement très claires, très nettes et très précises; elles dénotent dans leurs auteurs la connaissance parfaite de leur sujet, mais il

manque au lecteur qui ne la possède pas comme eux
une chose importante, le plan lui-même ; M.. Bonnardot, travaillant dans son cabinet avec ses dessins
devant lui, a tous les avantages. M. Franklin a
senti ce qui manquait ; il a donné, dans son livre
les *Anciens plans de Paris,* un fac-similé de chacun
d'entre eux ; nous croyons avoir été au-devant des
désirs de tous nos lecteurs en reproduisant intégrale-
ment les plans des *Anciennes Descriptions de Paris*
qui en avaient originairement. Sur trois plans dont
se compose cette livraison, deux, ceux de Munster et
de Braün, ont été publiés par la préfecture de la Seine,
Direction des beaux-arts, qui nous a gracieusement
autorisé à en faire un tirage spécial pour notre publication. Nous sommes heureux de le reconnaître et de
lui en témoigner nos remerciements.

Quel que soit le peu de mérite intrinsèque du plan
de Munster, il devait entrer nécessairement dans la
Collection des Anciennes Descriptions de Paris,
comme illustration du texte de l'auteur, comme point
de départ et de comparaison avec les plans qui vont
lui succéder, enfin comme le plus ancien et plus vénérable de tous à une époque où toutes les représentations figurées étaient toutes plus ou moins fantaisistes.
C'est le portrait de l'aïeule sous les rides de laquelle
on découvre néanmoins encore les traits aimables de
la jeunesse ; bien que l'artiste l'ait peinte d'une main
inhabile on y retrouve cependant l'air de la famille et
cela nous suffit pour nous le rendre précieux. Pour-

quoi se montrer trop exigeant? Il nous faut arriver au siècle suivant pour rencontrer un plan topographique levé par des ingénieurs sérieux et par des géographes géomètres.

II

Antoine Du Pinet, sieur de Noroy, traducteur et archéologue français (xvie siècle), né à Besançon, selon La Croix du Maine, ou plutôt à Baume-les-Dames, comme le dit Louis Gollut son compatriote, Du Pinet embrassa la religion protestante, dont il se montra un des plus zélés défenseurs. Il se retira d'abord à Lyon, où il se lia d'une étroite amitié avec Dalechamp, et vint plus tard à Paris, où il mourut vers 1584. On a de lui : *Histoire naturelle de Pline,* traduite en françois, avec un traité des poids et mesures antiques, réduites à la façon des François ; Lyon, 1542, in-folio. Voici le jugement de Bayle sur cette traduction : « On peut dire, sans flatter notre Du Pinet, qu'il a mérité beaucoup de louanges par cette version. Il y prit beaucoup de peine ; il consulta les vieux manuscrits et les vieilles éditions de Pline, il corrigea, il collationna là-dessus ce qu'il composait ; il fit un grand nombre d'annotations marginales ; il dressa deux tables fort amples ; il composa un traité

des poids et mesures antiques réduites à la façon des
Français et le mit au-devant de sa traduction. Cela
demandait une infinité de veilles. Je sais bien qu'il a
commis quantité de fautes, dont quelques-unes sont
très absurdes. Il a fait deux gentilshommes romains
de deux espèces de marbre, l'un nommé *Lapis Numi-
dicus*, et l'autre *Sinaudicus*. C'est au chapitre premier
du trente-cinquième livre. Pour peu qu'on soit équi-
table et que l'on connaisse la difficulté de l'entreprise,
on sera incomparablement plus disposé à estimer cet
auteur, à cause de tant d'endroits où il a bien rencontré, qu'à le mépriser à cause de ses bévues. »
Expofition de l'Apocalypfe de Saint Jean; Lyon,
1543, in-8°. *Les Épîtres illuftres de don Antoine de
Guevare,* traduites en français sur la version italienne
de don Alphonse d'Ulloa, avec un traité du même
Guevare. *Des travaux et privilèges des galères;* Lyon,
1560, in-4°. *Taxe de la pénitencerie et chancellerie
romaine,* en latin, avec la traduction française et des
annotations; Lyon, 1564, in-folio. Réimprimée sous
le titre de *Taxe des parties casuelles de la boutique du
Pape,* Leyde, 1607, in-8°. Ce livret a eu de nombreuses éditions, comme bien on pense.

　　Voici le titre complet de ce pamphlet, d'après une
réimpression moderne. *Taxe des parties casuelles de
la boutique du Pape,* rédigées par Jean XXII, et
publiées par Léon X, selon lesquelles on absout, argent comptant, les assassins, parricides, empoison-
neurs, hérétiques, et avec la fleur des cas de con-

science décidés par les jésuites, publié par Julien de Saint-Acheul. *Paris, chez les libraires de théologie.* 1620, in-8°. »

On trouve dans les *Mémoires-Journaux de Pierre de l'Estoile* (27 juin 1607), *édition des Bibliophiles,* t. VIII, p. 310, une anecdote qui ne donne pas grande idée du courage civil et du bon esprit du bourgeois frondeur mais peureux : « Bourdin m'a vendu ce jour ung meschant petit livret, que j'ai trouvé par hasard en sa boutique, intitulé : *Taxes des parties casuelles de la boutique du Pape ;* en latin et en françois, imprimé à Lyon, in-8°, 1564. Il y avoit longtemps que j'en cherchois un, pour remettre en la place de celui que je bruslay à la S. Barthélemy, craingnant qu'il me bruslast. J'en ai payé onze sols, relié en parchemin. »

Dans son Introduction au *Livre commode des Adresses de Paris en* 1692, par Abraham Du Pradel (Nicolas de Blegny), l'auteur qui avait beaucoup lu, beaucoup retenu, mais qui ne contrôlait pas toujours ses citations, a commis à ce propos une étrange méprise. Après avoir cité un passage des *Essais* de Montaigne qui fait honneur au père de cet écrivain de l'idée d'un bureau de renseignements, il ajoute : « Tout germa, tout fructifia de ce qu'il portoit (le livre des *Essais*) comme semence. « Deux ans après qu'il eut paru, nous voyons, par exemple, publier à Genève un petit livret de renseignements, qui pourrait bien n'être qu'une variante de ce que Montaigne

avait demandé. Il voulait, lui, qu'en arrivant dans
une ville, chacun pût savoir où trouver ce qu'il faut.
Le petit livret dont nous parlons prenait l'idée à
revers. Il vous renseignait sur tout ce dont il faudrait
se garder dans les boutiques. C'était arriver au même
but, mais par le côté contraire, comme on arrive à
l'orthographe par la cacographie. Voici le titre qui,
tant il est net, nous dispensera de plus longues explications : *Le livre des Marchands, fort utile à toutes
gens pour connoistre de quelles marchandises on se
doit donner garde d'estre desceu.* Genève, 1582,
in-24. Pas si net le titre, étant connu le nom de
l'auteur (on l'attribue à Pantapol Farel). C'est tout
simplement le pendant de la *Taxe des parties casuelles de la boutique du Pape.* La méprise est jolie,
bien réussi ce *four* d'Édouard Fournier, à joindre à la
liste déjà longue des *errata* de cet érudit auteur.
*La conformité des Églises réformées de France et de
l'Église primitive en police, cérémonies ;* Lyon, 1565,
in-8°. *Les Secrets Miracles de Nature,* traduits du
latin de Levin Lemnius ; Lyon, 1566, in-8°. *Commentaires de Pierre Mathiole sur l'histoire des Plantes
de Dioscoride,* traduits en français ; Lyon, 1566, in-
folio. *Lieux communs de la* SAINTE ÉCRITURE, *par
Wolfgang Musculus,* traduits en français ; Lyon,
1577, in-folio. Enfin, *les Plantz, pourtraitz et descriptions* de plusieurs villes et forteresses, tant de
l'Europe, Asie et Afrique que des Indes et terres
neuves ; Lyon, 1564, in-folio.

C'est de cet ouvrage de Du Pinet que nous extrayons *Paris & fa defcription*. Dans un chapitre préliminaire, l'auteur indique « *Les meilleures chartes géographiques du iourd'huy*. La Mappe-monde de Gemma Phrysius est tenuë pour bonne : toutes fois on tient l'Aigle, faite à Anvers, estre meilleur, et plus à la Moderne. L'Europe de Iacobus Mercator, qui est imprimée à Anvers en taille douce est fort bien faite. La Mappe-monde de Iacobus Castaldus, qui est en taille douce, est tenuë également pour bonne. La France de Orontius Dauphinois est fort bien faite : aussi est celle de Iolivet de Limoges, que le feu Roy, François premier de ce nom, fit faire. Quant à la Germanie, les Allemans sont si industrieux en ceste science, qu'ilz ont l'honneur d'avoir représenté leur patrie au vif, en toutes leurs chartes. »

Du Pinet paraît avoir été amateur et connaisseur en cartes.

Voici comment M. Alfred Bonnardot prend le soin de l'apprécier :

« Il existe, outre les nombreuses éditions en plusieurs langues de la *Cofmographie* de Munster, des ouvrages de divers titres, où figurent en plus petit des images de Paris, copiées sur celle-ci ou du moins tracées d'après le même modèle. Ces reproductions m'ont paru offrir si peu d'intérêt, que j'ai dédaigné de rechercher les ouvrages qui les renferment. Je me bornerai à citer l'in-folio intitulé *Plantz, Pourtraitz & Defcriptions de plufieurs villes d'Europe,* par

Antoine Du Pinet. Lyon, 1564, où l'on voit un plan
de Paris gravé sur bois, ou du moins dessiné par
Jean d'Ogerolles. Il est encadré de riches enroulements, de mascarons, de cariatides et animaux fantastiques. Cette petite estampe a beaucoup de ressemblance avec celle de Munster, et dérive assurément
de la même source. Les tailles en sont plus délicates,
mais le dessin en est aussi grossier, aussi défectueux.
On y remarque les armes de France et de Paris, et,
au bas, sept renvois. » Après ce que nous en avons
dit plus haut, il y a peu de choses à ajouter à cette
description. Dans le cadre en haut, on lit en grandes
majuscules : Paris; au bas, en mêmes caractères : Ian
d'Ogerolles. En dehors du plan, qui mesure $0^m,25$ de
largeur sur $0^m,16$ de hauteur, mais dans l'intérieur du
cadre, au bas, on lit les renvois suivants empruntés à
Munster, précédés de cet avis :

Les lieux principaux notez dans la présente Ville
Cité et Université de Paris : *A.* Sorbonne. *B.* Palais
Royal où se tient le Parlement. *C.* La Maison de
Ville. *D.* L'Église Nostre-Dame. *E.* Chemin de
Picardie. *F.* Porte et voye de Saint-Denys. *G.* Porte
et voye de Saint Martin. On a supprimé dans le plan
les indications : S. Thome et suburbium Sancti
Jacobi. Dans le champ à droite et à gauche se trou-
vent les armes de France, et en pendant celles de
Paris. Ce dessin est évidemment une réduction de
celui de Munster ; avec l'encadrement, il mesure
$0^m,34$ sur $0^m,26$. Le plan de Du Pinet est comme

le trait d'union qui joint Munster avec Braün.

Une note manuscrite en tête de l'exemplaire de Belleforest, à la Bibliothèque de l'Arsenal, note qui paraît de la main du marquis de Paulmy, porte : « Un nommé Binet avait déjà traduit cette cosmographie (de Munster), et y avait ajouté quelques détails sur la France ». C'est Du Pinet qu'il faut lire; il est désigné avec son prénom de Binet dans un privilège de Belleforest en 1574, où il est mentionné comme auteur des *Plantz et pourtraitz des villes,* imprimés à Lyon en 1564. C'est une faute d'impression qui a égaré le rédacteur de la note mentionnée ci-dessus.

La description de notre auteur n'a d'autre mérite que de combler une lacune entre ces deux historiographes de Paris; son style est prétentieux, déclamatoire. Au fond, il ne nous apprend rien de nouveau; son discours est plutôt une amplification emphatique qu'une véritable description; il promettait plus quand il disait avec assurance : *ie fens ia ma veine petite s'efgayer en l'immortalité de fa gloire,* en parlant de Paris.

III

Les biographes nous ont transmis peu de particularités sur la vie de Georges Braün, dont il nous

reste à parler. Braün, ou Bruyn selon quelques
auteurs, théologien catholique allemand, vivait dans
la seconde moitié du xvie siècle. Il fut archidiacre
de Dortmund, en Westphalie, puis doyen de la ca-
thédrale de Cologne.

Braün a écrit une *Vie de Jésus-Christ,* une *Vie de
la Sainte Vierge,* plusieurs opuscules de controverse
religieuse, mais son principal ouvrage est le *Theatrum
urbium præcipuarum mundi;* la première édition parut
en 1572, en deux volumes in-folio. La seconde fut
publiée de concert avec François Hagenberge de
1593 à 1616; 6 volumes in-folio. Le texte et le
plan que nous donnons aujourd'hui sont tirés de la
première édition. M. A. Bonnardot a consacré à
l'une et à l'autre une étude sérieuse sous ce titre :
Plan représentant Paris, vers 1530, édité à Cologne
par Georges Braün, 1574; nous ne saurions mieux
faire que de la reproduire.

« La *Cofmographie* de Sébastien Munster, en
dépit, et peut-être à cause de ses récits mensongers,
jouit longtemps d'une si grande vogue, que ce cordelier peut passer pour le Malte-Brun du xvie siècle.
Tous les géographes qui vinrent après lui se crurent
obligés de lui emprunter ses étranges impostures. La
Cofmographie d'André Thevet, 1572, en contient
une partie, et quand François de Belleforest publia la
sienne, trois ans plus tard, il eut soin de rappeler,
sur le titre, qu'elle avait pour base celle du géographe allemand.

« Les Parisiens durent donc, ainsi que les autres peuples de l'Europe, se contenter pendant longtemps, en fait de plan de Paris gravé, de la monstrueuse estampe de Sébastien Munster et de ses copies. Enfin parut un in-folio avec planches, contenant une description latine des plus célèbres villes de l'univers. Je ne saurais citer au juste la date ni le titre précis de la première édition du livre qui va nous occuper. Une partie des anciennes planches de Munster s'y retrouve, mais les plans d'un grand nombre de villes, notamment ceux qui concernent la France, furent regravés tout exprès sur cuivre, et cette fois d'après de meilleurs dessins. Le plan de Paris est un des plus remarquables du recueil, et forme un contraste frappant avec la grossière image de Munster. Outre qu'il est assez habilement gravé à l'eau-forte il offre, malgré son petit cadre, une exactitude surprenante pour l'époque, et je ne crois pas exagérer, en affirmant que les grands plans gravés sous Louis XIV le surpassent seuls sous ce rapport.

« De tous les plans de la capitale, c'est celui qui m'a coûté le plus de recherches, et, pourtant, malgré tous mes efforts, je ne pourrai éclaircir qu'approximativement son histoire. Comme il ne porte ni signature ni monogramme, il m'a été très difficile de le désigner. Il faut pourtant le distinguer par un nom quelconque, puisque je le citerai fort souvent dans la seconde partie de cet ouvrage, où je traite des enceintes et des portes de Paris. J'étais tenté de le

nommer *Plan aux trois personnages,* à cause de trois
figures qui sont gravées au bas; mais, comme elles
sont effacées sur les dernières épreuves, je me suis
décidé à le désigner sous le nom de : *Plan de Braün,*
auteur du plan primitif. Ce qu'il y a de certain, c'est
que la gravure en fut exécutée vers 1570, d'après un
modèle tracé vers 1530, et que la planche, ayant
appartenu successivement à divers éditeurs, servit à
illustrer plusieurs ouvrages dont les textes, en différentes langues, ont été souvent remaniés et précédés
de nouveaux titres; ruses d'éditeurs, qui préparaient
de l'embarras aux bibliographes à venir.

« Je laisserai d'abord la parole à H. Mauperché, le
premier qui, je crois, ait su apprécier le mérite de ce
plan, et en a fait même regraver une partie dans son
Paris ancien. Voici ce qu'il en dit, page 101 :

« Sans se pourvoir de privilèges, et sans annoncer
l'époque de son travail, Jean Sansson, imprimeur à
Amsterdam, a donné, *en latin,* un gros volume in-
folio, dans lequel aux *Tableaux des villes les plus
illuftres de la partie feptentrionale de l'Europe,* il a
joint un plan de Paris, plan *d'abord* sans date, ajoute
en note Mauperché.

« Cette même image a depuis reparu dans le premier des trois volumes, aussi in-folio, dus à Brouin et
Hagemberg, portant le titre : *Des Cités de l'Univers,*
imprimés à *Amfterdam,* avec privilège de l'empereur
du 28 août 1572, et du roi catholique, du 22 no-
vembre 1574.

e

« Un fait infiniment remarquable est que, pour
donner un air de nouveauté à cette deuxième carte,
on a imaginé d'y *ajouter,* dans sa partie basse, du
côté gauche, trois petits personnages, costumés
comme on l'était sous Charles IX : *supercherie* mise
assez souvent en usage par quelques-uns des anciens
graveurs que je pourrais citer. »

« Le nom de l'éditeur Jean *Sansson* est une méprise.
Mauperché traduit sans doute ici le nom latin :
Joannes Sanssonius qu'il a mal lu, de sorte qu'on
pourrait le confondre avec celui des *Sanson,* célèbres
géographes sous Louis XIII et Louis XIV. Il a ensuite le tort de désigner en français le titre d'un livre
qu'il annonce lui-même être en latin. (Je le citerai
plus loin.) Notez que le plan fut *d'abord* sans date ;
c'était avancer que plus tard, il en porta une, ce qui
est inexact.

« L'ouvrage en trois volumes que Mauperché inti-
tule *Des Cités de l'Univers,* avait aussi un titre *latin,*
mais il existe peut-être à mon insu une traduction
française[1]. Le nom de *Brouin* est une erreur : c'est
Bruin (nom qui, d'après Brunet, est le même que celui
de *Braün*). J'ai vu au Cabinet des Estampes (Topog.,
V. a. 74) une épreuve isolée du plan en question, au
bas duquel était écrit à la plume *Bruin.* Sans doute
on aura cru, et c'est à tort, que Bruin était le graveur. Il était l'auteur du texte, comme on le verra

---

1. Il en existe une de 1574, comme on verra plus loin ; nous
en publions le texte. *Note de l'éditeur.*

ci-après. J'ai fait entendre par erreur, dans mon *Histoire de la Gravure en France*, p. 20, que ce nom de *Bruin* était *gravé* au bas du plan.

« L'assertion de Mauperché (troisième alinéa) est fondée sur une méprise, qui a pour cause son inexpérience à juger de la gravure; je prouverai plus loin que les trois figures gravées sur la planche primitive ont été, au contraire, *effacées* sur les derniers tirages.

« Je ne saurais citer au juste, je le répète, le titre du premier livre où ce plan se trouve inséré; mais je puis certifier qu'il existe de ce livre un grand nombre de réimpressions avec texte remanié et titres renouvelés. Chaque épreuve de ce plan (plié en deux et collé sur onglet) porte au verso, à gauche, une page de texte en latin ou en autre langue. Je possède une épreuve où cette page, texte latin, se compose, non compris le titre du chapitre, de cinquante lignes; les derniers mots sont ceux-ci : *Oratione præstiterunt;* l'épreuve, très nette et très brillante, doit être du premier tirage. J'en possède une autre où le texte latin du verso se compose de 52 lignes et offre des différences dans la composition et l'orthographe; le tirage de l'estampe est moins beau. Enfin, une troisième épreuve porte au verso un texte latin de deux pages, dont chacune comporte plus de 80 lignes en caractères fins; l'état de l'épreuve atteste que la planche commence à s'user. Derrière les épreuves les plus modernes, celles où manquent les trois figures, le texte est également en latin, mais imprimé sur deux colonnes. Ces simples remarques prouvent qu'il existe au moins quatre éditions latines bien distinctes.

« Le *Manuel* de Brunet, au mot : *Bruin,* cite les titres d'ouvrages suivants : « *Georgius* BRIÜN *seu* BRAUN. — *Civitates orbis terrarum, in æs incifæ & excifæ, & defcriptione topographicâ, morali et politicâ illuftratæ,* Coloniæ 1572-1618, 6 tomes en 3 volumes gr. in-folio. » Cet ouvrage est recherché à cause des gravures, qui sont de *Fr. Hagenberg* et de *Simon Van den Nævel* (Novellanus). *G. Hoefnagel* a communiqué à l'auteur *plusieurs plans* des villes d'Europe, et *Corn. Chaymon,* ceux de villes d'Allemagne. Sur les plans de chaque ville se trouvent représentés les costumes du temps. Les premiers volumes ont été réimprimés en 1612. »

« Brunet ajoute qu'il y a plusieurs éditions avec le titre ci-dessus, dont le texte est latin, allemand ou français. J'ai vu, au Cabinet des Estampes, dans la *Collection Uxelles,* tome XV, une épreuve coloriée du plan avec les trois figures, lequel porte au verso *deux* pages de texte français; elle provient sans doute de l'édition dont Brunet signale ainsi le titre : *Théâtre des différentes villes du monde,* Bruxelles, 1572, 6 tomes en 3 volumes, grand in-folio. Il existe au moins deux éditions françaises; car derrière l'épreuve dont je parle plus haut, sur laquelle on a écrit le nom de *Bruin,* il n'y a qu'*une seule page* en français, page de 48 lignes, dont les six dernières sont disposées en retraite :

« Je signalerai à mon tour les titres précis de deux
ouvrages où se trouve le plan en question, avec et
sans les trois personnages. Le premier se voit au Cabinet des Estampes (n° 3521). CIVITA ‖ TES OR ‖
BIS TER ‖ RARUM. Le titre, ainsi disposé (en
4 lignes) en majuscules à double trait, est inscrit sur
un petit socle carré, qui supporte la statue assise de
la *Géographie*. A gauche de cette statue est Minerve,
ainsi dénommée : *Arcium inventrix ;* à droite, Janson ;
au-dessous on lit : *Opid (oppidorum?) auĉlor.*

« Sur ce frontispice, gravé vers 1660, n'apparaît
ni date ni nom d'artiste ou d'éditeur ; mais au verso
est une préface, en latin, qui commence ainsi : GEORGIVS
BRAVN AGRIPPINENSIS (de Cologne), BENEVOLIS LEC-
TORIBUS S. D. (Salutem dat). G. Braün est l'auteur du
texte, et c'est sous son nom que j'ai désigné le plan
en question, n'ayant pu deviner avec certitude le nom
du dessinateur. A la fin de la préface, dont je repar-
lerai plus tard, est la date : M. D. LXII. Mais cette
date n'est assurément pas celle de l'édition, car
l'épreuve du plan de Paris est déjà fort usée. Le
texte du verso est très fin et plus détaillé que celui
d'autres éditions. On y cite la description de Paris
que donna François de Belleforest en 1575. « *Porò
ne quid curiofus defideret leĉlor, alteram defcriptionem
iconi urbis fuffixam addere vifum eſt.* »

« L'autre ouvrage, aussi sans date (Bibl. nat.,
Imprimés, G. 226), a pour titre : *Theatrum præcipuarum urbium pofitarum ad Septentrionalem Europæ*

plagam. Ce titre, disposé de manière à former 8 lignes, est précédé d'un feuillet supplémentaire où se voit un frontispice gravé sous Louis XIV. On y lit, dans un cartouche carré orné d'enroulements, cet avant-titre : *Illuſtriorum principumque urbium Septentrio-nalis Europæ Tabulæ.* Ce cartouche est entouré de figures allégoriques et des divers costumes européens. On lit au bas du titre : *Amſtelodami ex officinâ Joan-nis Janſonii.*

« La date est assez facile à établir, car le plan de Paris, qu'on trouve au cahier D, est suivi d'un autre que je décrirai à l'an 1654, date approximative de cette édition. Le texte est imprimé sur deux colonnes. Ce recueil factice, illustré d'estampes tirées de planches de toutes sortes d'époques, est positivement le livre que cite Mauperché, sauf qu'il traduit le titre, ainsi que le nom de l'éditeur qu'il défigure. L'épreuve du plan de Braün, inséré dans cette édition, n'offre plus les trois personnages. On les a effacés sur le cuivre, sans en laisser la moindre trace, et l'on a rempli l'espace au moyen de quelques tailles figurant un sol accidenté. C'est évidemment l'ancienne planche de l'édition de 1572. On remarquera de plus que dans le cartouche du haut, qui contient le titre du plan (*Lutecia vulgari nomine, Paris,* etc.), les tailles des enroulements ont été ravivées et doublées ou croisées par d'autres tailles ; du reste, l'estampe ne porte ailleurs aucune trace de retouches ou de change-ments.

« L'état d'usure de la planche et les surcharges signalées prouvent évidemment, contre Mauperché, que les épreuves aux trois figures sont primitives, et que ces figures ont été, vers 1654, *retranchées,* et non *ajoutées,* pour dissimuler la vétusté du plan. Les épreuves sans les trois figures ne se trouvent annexées, à ma connaissance, qu'à ce seul ouvrage; mais on voit (Bibl. du Louvre, E. 148) un exemplaire divisé en quatre tomes, dont celui qui contient, au cahier D, les deux plans de Paris, a ce nouveau titre : *Illuſtriorum regni Galliæ civitatum tabulæ & Helvetiæ. — Ex officinâ Joannis Janſonii.* Le tome est sans date, mais ceux qui lui font suite portent celle-ci : CIƆ IƆ CLVII (1657).

« Après tout, la question de savoir au juste la date et le titre des livres qui renferment cette curieuse planche n'offre qu'un intérêt secondaire. L'essentiel est d'étudier l'époque précise de l'état de Paris qu'elle représente. Je vais maintenant entrer dans quelques détails importants pour l'archéologie.

« Le plan de Braün, dressé à vol d'oiseau, est gravé à l'eau-forte avec une hardiesse assez artistique. Il porte, entre ses quatre lignes d'encadrement, environ 48 centimètres 1/2 sur 34. Il est orienté comme le sont à peu près tous les anciens plans de Paris; l'ouest est au bas de la carte, système qui offre de face les portails de la plupart des églises. Son champ a pour limites, au nord, le gibet de Montfaucon, Saint-Lazare, et le bas de Montmartre; au sud, les

Cordelières et la rue Notre-Dame-des-Champs; à l'est, le commencement du faubourg Saint-Antoine (l'abbaye de ce nom qui y figure est infiniment trop rapprochée de la Bastille; c'est une licence que prenaient les anciens géographes, à l'égard d'édifices importants); enfin, à l'ouest, l'emplacement à peu près où nous voyons les bâtiments des Tuileries.

« Dans le coin supérieur, à gauche, un cartouche carré, encadré de guirlandes et d'enroulements dans le style de l'époque de Henri II, contient une inscription de huit lignes, laquelle sert de titre; elle commence ainsi : LUTETIÆ, *vulgari nomine Paris, urbs Galliæ maxima,* etc. Le cartouche est surmonté des armes de Paris. Dans le coin inférieur, à gauche, sont les trois personnages signalés, un gentilhomme saluant deux dames. Les costumes sont contemporains de Charles IX. Au bas, à droite, sont gravés (en trois colonnes) quatorze vers français médiocres, mais assez correctement orthographiés. Voici le premier : PARIS *pour vray est la maison royale,* et le dernier : *Fertile en bled et en maintz d'aultres biens.* Les trémas sur les *y* indiquent une origine hollandaise. Très peu de rues ou d'édifices ont été dénommés, sans doute pour conserver plus de netteté aux traits de l'estampe.

« Ce plan représente évidemment dans son ensemble, qui est homogène et sans anachronisme de lieux, la ville de Paris vers 1530. Un seul point me semble postérieur à la date de 1530, c'est cet ensemble de maisons qui relie le bourg Saint-Marcel à

Paris, maisons bâties pour la plupart sous Henri II. Voici les points sur lesquels on peut établir sa date : on y voit la tour de Billy, détruite en 1538, l'hostel de la Royne, reste de l'hôtel Saint-Pol (les rues des Lions et de la Cerisaie ne sont pas encore tracées, l'hostel des Tournelles, le vieux donjon du Louvre; les portes de Nesle et de Buci sont fermées, elles restèrent en cet état de 1525 à 1550); le rempart entre la Bastille et la Seine n'est pas encore bastionné; *l'oftel de ville* est toujours l'ancien hôtel du Dauphin, avec ses trois pignons et ses piliers; l'enceinte septentrionale de Philippe-Auguste existe toute entière avec toutes ses portes moins deux (celles Saint-Antoine et Saint-Paul); la rue Françoise n'est pas encore percée, etc. En un mot, tout l'ensemble du plan paraît se rapporter à la date approximative de 1530, car il n'est pas probable qu'on l'ait vieilli à dessein : on s'expliquerait plutôt le contraire. Il fournit à l'archéologue de plus sûrs renseignements que le plan dit de *Tapisserie*. Certes, si ce petit plan, sans offrir plus de détails, avait la dimension de cette tapisserie, il paraîtrait bien nu, mais il serait, je crois, moins imparfait dans son tracé général. On y remarque plusieurs localités qui, malgré leur petitesse, y sont mieux figurées que sur des plans beaucoup plus vastes. Le rempart de Charles V avec ses portes, ses *bastides*, et son double fossé, y paraît aussi bien dessiné que sur les plans plus détaillés du siècle suivant; la ligne du gros mur de Philippe-Auguste y est bien indiquée à

sa place, et les tours qui le flanquent sont en nombre
satisfaisant. Notons que c'est le seul plan qui ait représenté le haut donjon de l'hôtel de Bourgogne,
donjon encore debout, rue Pavée-Saint-Sauveur, nº 3.
En un mot, ce petit plan, supérieur à tous ceux du
même siècle, est peut-être le seul auquel on puisse
accorder quelque confiance, non qu'il soit un chef-
d'œuvre, mais parce qu'il est de tous le moins imparfait, le plus capable de donner une idée claire de
l'état de Paris sous François Ier. Je suis sûr d'avance
que tous les archéologues qui l'auront étudié seront
de mon avis, et admettront qu'il a dû être dressé sur
un modèle tracé réellement d'après des recherches
sur lieux. Si je ne le décris pas plus au long, c'est
que j'aurai cent occasions d'en signaler les particularités dans mon *Traité sur les Enceintes.*

« Il m'a été impossible de découvrir où était l'original (tracé sans doute par un géomètre, sur une plus
vaste échelle) qui a dû servir de base au dessin reproduit par le graveur. Ce dessin paraît, sur quelques
points, avoir assez d'analogie avec le plan dit de
Tapisserie, qui représente Paris vers 1540, mais sur
beaucoup d'autres il en diffère, et, dans ce cas, c'est
toujours en mieux. S'il en est la copie, cette copie
aurait été habilement corrigée, et, ce qui paraît peu
vraisemblable, vieillie d'au moins dix années, comme
le témoigne la présence des portes de Philippe-Auguste,
absentes sur la tapisserie.

« Il serait difficile de désigner au juste le nom du

dessinateur et du graveur de ce plan, aucune épreuve ne portant ni signature ni monogramme. On n'est éclairé qu'à demi par certains passages de la préface de G. Braün, auteur du texte. Les pages 3 et 4 de cette préface offrent les phrases suivantes :

« Artificiosæ *Simonis Novellani* et *Francisci Hagenbergii* manus, mirificâ quâdam industriâ, tam accuratè et *ad vivum* partium singularum proportione... expresserunt (civitatem tabulas), ut non icones et typi urbium, sed urbes ipsæ, admirabili cælaturæ artificio, spectantium oculis subjectæ appareant. Quas partim ipsi depinxerunt, partim ab iis, sagaci diligentiâ conquisitas atque depictas acceperunt, qui singulas quosque urbes perlustrarunt..... Ita *opus hoc nostrum*..... multarum urbium geminâ descriptione ornavit ac auxit præstantissimus doctissimusque vir Abrahamus Ortelius Antuerpianus, hoc nostro tempore insignis cosmographus.... Nec minores gratiarum actiones merentur summi illi præstantissimarum artium admiratores, Georgius Hoffnagel Antuerpianus Mercator, et Cornelius *Chaymox,* quorum ille vivos et accuratos Hispanicarum, lux verô aliquot Germanicarum urbium typos perhumaniter nobis communicavit, etc... Coloniæ Agrippinæ, M. D. LXXII. »

« Il nous est impossible de décider, d'après ces vagues renseignements, quels sont les artistes qui ont dessiné et gravé le plan de Paris qui nous occupe. On peut choisir entre cinq noms : *Simon van der Noevel* (c'est ainsi que M. Brunet a traduit *Novellanus*),

Fr. Hagenberg, Abr. Ortelius, graveurs; *Georges Hoefnagle,* et Corneille *Chaymox* (Brunet écrit Chaymon).

« Peut-être faut-il ajouter le nom de Mercator, car le mot, commençant par une majuscule, ne peut, à moins d'une erreur typographique, signifier *Marchand,* qualité applicable au nom de Hoefnagel. Auquel donc de ces cinq ou six noms attribuer le dessin du plan de Paris? Je serais tenté de choisir ceux de *Noevel* et d'*Hagenberg,* si habiles, selon Braün, à tracer *ad vivum* des plans de ville en perspective. G. Hoefnagel ou Hoefnagle a signé quelques planches du recueil, mais il a inscrit son nom sur des *vues* et non sur des *plans.* Au bas des vues d'Orléans, Rouen et Bourges on lit : *Depingebat Georgius Hoefnagle.* Celle de Tours porte de plus une date : *G. Hoefnaglius (sic) anno dni* 1561. Ce dessinateur, assez célèbre de son temps (né en 1545 et mort en 1600, selon Zani), aurait-il aussi *peint* et dessiné des plans de villes, notamment celui qui nous occupe? C'est ce que je ne saurais dire.

« Sans m'inquiéter davantage de rechercher le nom de l'artiste qui se rattache à cette estampe, voici les hypothèses que j'admets comme vraisemblables : vers 1570 ou un peu avant, quelqu'un aura dessiné, pour orner la description de ville entreprise par Braün, ou par tout autre cosmographe (par Ortelius peut-être), un plan de Paris à vol d'oiseau, tracé et réduit d'après un modèle plus grand, à nous inconnu, mais

levé à Paris même vers l'an 1530. On aura fait ce que
font encore, de nos jours, les éditeurs de *Guides* en
pays étrangers. On aura copié un plan de Paris
anciennement fait, sans regarder à la date. Le dessin
communiqué à Braün ayant donc été levé d'après un
modèle déjà vieux, l'éditeur, pour le mettre en har-
monie avec la date de son ouvrage (1572), aura fait
ajouter, sur la planche, des figures dont le costume
donnât au plan un air plus moderne, figures non tracées sur le modèle primitif. Peut-être, vers le même
temps, l'éditeur fit-il ajouter, sur le dessin à graver,
cette suite de maisons bâties sous Henri II, entre la
muraille de Paris et le bourg Saint-Marcel, seule partie
du plan qui répugne à la date de 1530. Beaucoup
plus tard, un autre éditeur, pour le même motif,
aura, au contraire, fait disparaître ces costumes.

« Le plan de Braün, malgré sa date ancienne et sa
supériorité eu égard à son temps, est un des moins
rares, parce que les épreuves, tirées à un très grand
nombre, se trouvent dans plusieurs éditions d'ouvrages
divers, dont les exemplaires sont répandus dans les
bibliothèques publiques de l'Europe, et surtout, parce
qu'elles ont été conservées dans des in-folio d'une
reliure solide.

« De 1838 à 1840, je puis l'affirmer, ce plan
était très connu à Paris, chez les marchands de vieilles
estampes. J'aurais pu, dans cet intervalle de deux
ans, m'en procurer au moins quinze épreuves à 1 franc,
l'une portant l'autre. Devenu presque rare aujourd'hui

(1851), il atteindrait en vente publique un prix bien plus élevé.

« Les épreuves fort usées, sans les trois figures, sont les plus rares. Je n'en ai même rencontré aucune dans le commerce. Il n'y a peut-être qu'un seul ouvrage qui les contienne, celui que j'ai cité page 32. Néanmoins, j'accorde naturellement plus d'estime aux épreuves avec les figures, puisqu'elles sont primitives et beaucoup plus belles, et offrent identiquement le même état de Paris, le fond du plan n'ayant jamais été ni retouché ni corrigé. C'est, je suppose, le plan de Braün que signale Lelong avec son vague ordinaire : « *Plan de Paris sous Henri II,* in-folio. On y voit le palais des Tournelles qui fut détruit peu après sa mort. »

« Il existe de très petits plans qui sont peut-être des réductions de celui de Braün. Du reste, peu importent des estampes que leurs dimensions microscopiques rendent tout à fait inutiles. Il nous suffira de décrire et d'analyser celles qui peuvent réellement servir à perfectionner l'histoire de la capitale. »

Les *Anciens plans de Paris* de M. Franklin vont nous fournir quelques renseignements complémentaires sur le plan de Braün.

« C'est encore dans un ouvrage édité en Allemagne que figure le plan de Paris qui, d'après l'ordre chronologique, doit suivre celui de Sébastien Munster.

« L'auteur, qui se nomme tantôt Georgius Bruin (édition de 1572), tantôt Georges Braün (édition

latine sans date), publia à Cologne, en 1572, un travail
intitulé *Civitates orbis terrarum*, qui fut fréquemment
réimprimé. On y retrouve une grande partie des
planches qui ornent la cosmographie de Sébastien
Munster; mais la plupart de celles qui concernent la
France ont été refaites, et parmi elles le plan de
Paris.

« Celui-ci mesure quarante-huit centimètres sur
trente-trois. Il est gravé avec soin et offre une vue
très exacte de la capitale. Quoique dressé vers 1570,
il représente évidemment Paris tel qu'il était vers
1530. La tour de Billy renversée en 1538, les portes
de l'enceinte élevée par Philippe-Auguste et qui dispa-
rurent entre 1529 et 1535 y figurent encore, ainsi
que la grosse tour du Louvre dont François Ier ordonna la démolition en 1529, et la fausse porte Saint-
Martin détruite en 1530.

« En haut et à gauche de ce plan, un cartouche surmonté des armoiries de la ville renferme l'inscription
suivante :

LUTETIA, *vulgari nomine Paris, urbs Galliæ maxima,*
Sequana navigabili flumine irrigatur, nobili gente,
mercatorum frequentiâ, univerfitate excellenti, ftupendi
operis templo B. Mariæ, palatio Regio, aliifque
præftantiffimis ædificiis, tribunali æquiffimorum
judicum, & pulcherrimis epitaphiis, florentiffima.

« En bas, à gauche, on voit trois petits personnages
en costume de l'époque.

« A droite, on lit ces quatorze vers :

> Paris pour vray est la maison royalle
> Du Dieu Phœbus, en splendeur radiale,
> C'est Cyrrhéa pleine de bons espritz.
> Très vigoureux, faisant divers escriptz,
> C'est Chrysea en métaulx habondante,
> Grèce depris en livres florissante,
> Inde en estude, et en poëtes Rome,
> Athènes lors en maint très sçavant homme,
> Rozier mondain, baulme du firmament,
> Universel, de Sidon l'ornement,
> Très habondante en vivres et breuvaiges,
> Riche en beaux champs et fluvieux rivaiges,
> Fécunde en vins, doulce en ses citoyens,
> Fertile en bled et en maints d'autres biens [1].

« Enfin, au verso du plan se trouve une notice,
que nous reproduisons d'après l'édition française de
1574, et qui a été fort augmentée dans quelques éditions.

« Ce fait signalé par M. Bonnardot mérite une
mention spéciale. J'en profite pour insister sur ce fait
qui donne matière à commentaires. L'auteur des
Études archéologiques sur les anciens plans de Paris,
qui n'a pas connu d'édition française du plan de
Braün, accuse posséder deux épreuves : dans l'une, le
texte se compose de 50 lignes, dans l'autre de

---

1. Traduction poétique du poème d'Architremius. On pourra
comparer cette pièce avec la traduction en vers français qu'en a
donnée Belleforest, *Collection des anciennes Descriptions de Paris*,
t. VII, p. 6.

52 lignes, dont il cite les derniers mots : *oratione præstiterunt,* ce qui nous permet de signaler une autre édition (*Bibl. de l'Arsenal,* H. 352 *bis*) qui offre une addition.

« Ce magnifique ouvrage, orné de belles gravures, a été entrepris par Georges Braün, archidiacre de Cologne. Il est bien étonnant qu'aucun bibliographe n'en parle. » Cette note est du marquis de Paulmy. Le texte latin (voir Appendice II) se termine par ces mots, qui se trouvent dans les deux exemplaires de M. Bonnardot complétés par celui de l'Arsenal :

« Eustathius à Konoberldorf, Prutenus, Parisiorum magnificentiam carmine conscripsit. Idem singulari libello Ægidius Corrozet. *Pyrrhus* verò et Jacobus Capellus, oratione solutâ, præstiterunt. Franciscus vero Bellefortius, uti postremò, ita omnium accuratissime Lutetianam hanc urbem descripsit. »

« Cette addition prouve que l'édition qui nous a servi de modèle est postérieure à la publication de Belleforest (1572) et n'est pas l'édition *princeps;* en effet, le privilége est daté de 1576. »

Mais là n'est pas la difficulté ; Knobeldorf (*lisez* Knobelsdorf, *du village de l'ail*), Corrozet, Jacques Cappelle, Belleforest (qu'il faut traduire par Belleforestius et non Bellefortius) sont bien connus, mais qui peut bien être ce Pyrrhus? nous l'avons demandé à tous les échos d'alentour. Nous avons cherché dans les biographies et bibliographies quel pouvait être ce panégyriste de Paris ; nous avons consulté à la

bibliothèque de l'Arsenal M. Paul Lacroix; à la bibliothèque Mazarine M. Franklin; à la bibliothèque
de l'hôtel Carnavalet M. Cousin; M. Thierry à la
Bibliothèque nationale; des érudits, des bibliophiles,
des parisiophiles.

Cependant comment croire que Braün, archidiacre
de Cologne, auteur d'un livre sérieux, un contemporain des auteurs qu'il cite, se soit trompé dans son
court essai de bibliographie parisienne?

Brunet nous a répondu au mot Pyrrhus (ou Pierius
pour Pierre) Johannes, Anglebermœus, jurisconsulte,
né à Orléans. *Opuscula, Parisiis*, 1517, où se trouve
un éloge de sa ville natale. Braün aura-t-il cité de
mémoire, confondu Orléans avec Paris, trompé par
l'*impressum Parisiis?* Il a écrit, il est vrai, Knobeldorf pour Knobelsdorf, et traduit Belleforest par
Bellefortius. Quand il cite Pyrrhus, un nom qui
n'est pas commun, il ne le fait ni précéder d'un nom
de baptême ni suivre d'un nom de famille, il suppo-
sait donc l'auteur connu. Sa phrase disjonctive cependant : *Pyrrhus vero et Jacobus Capellus* (auteur d'un
éloge de Paris, 1520) ne semble pas laisser place à
l'équivoque ou à la confusion; il fait allusion à deux
éloges bien différents. Le silence des bibliographes
est une preuve négative, mais non sans appel. La traduction française de Braün pouvait résoudre la difficulté; il l'a tournée en supprimant le texte litigieux :
nous sommes dans l'alternative de montrer Braün en
flagrant délit d'inexactitude, ou d'admettre l'hypo-

thèse d'une erreur de nom ; nous préférerions ajouter un nom à la liste des panégyristes de Paris ; la question reste pendante.

Nous sommes entrés dans quelques détails sur ces premiers *pourtraitʒ* de Paris pour aider le lecteur, qui, ayant le texte et le plan sous les yeux, peut facilement s'assurer de la vérité des assertions et n'est pas obligé de recommencer personnellement ce travail critique. Cette discussion d'ailleurs a son intérêt : montrer le mérite, signaler les défauts d'un auteur qui a écrit sur Paris, relever les erreurs de détails qui ont pu lui échapper, c'est faire de l'archéologie parisienne, c'était pour l'auteur ne pas sortir de son sujet.

Après avoir donné le texte de Munster il nous a semblé qu'il n'était pas sans intérêt de le faire suivre de son éloge, ou mieux de son apologie par un contemporain, André Thevet, que nous connaissons déjà. A l'appendice on verra comment le bon Thevet apprécie Munster dans son *Histoire des plus illustres hommes et sçavants de leurs siècles avec leurs portraits.* (Paris, 1670, 2ᵉ édit., t. VII, chap. XXIX). — (Bibliothèque nationale, nᵒ 29,635, et Bibliothèque Mazarine, 6,759.)

L'abbé VALENTIN DUFOUR.

I

MUNSTER (Sébastien).

———

LA

VILLE DE PARIS.

LA

VILLE DE PARIS.

---

1. Iehan Baptiſte Pius[1] eſcrit ainſi de Paris en les dernières annotations. I'ay apprins (diĉt-il) de Boëce Séue-

---

1. Pie ou Pio (J.-B.), critique du XVIᵉ siècle, né à Bologne. Il s'acquit beaucoup de réputation par les éclaircissements qu'il a donnés sur divers auteurs anciens. J.-B. Pie enseigna à Bologne, à Milan, à Lucques; le pape Paul III, qui avait été son ami, le fit venir à Rome, où il mourut, en 1540, âgé de quatre-vingts ans. On a de lui un ample recueil d'observations contenant des re-

rin [1], que cefte ville fort renommée, laquelle on appelle
Paris, a efté édifiée par Iules Céfar [2], & eftoit appellée
Villeiules [3]. Elle eft auiourd'huy floriffante en toutes
arts & fçiences, & grandement peuplée.

2. Le portrait [4] de la ville de Paris, felon fa fituation & la forme qu'elle auoit l'an 1548, dedans,
& hors les murs. Il n'a pas efté poffible de defployer
en fi peu de papier tous les édifices qui font dedans
cefte ville, ne tant de rues qui font en icelle. Ce fera
affez de voir comment elle eft diuifée en trois partz [5]
par la riuière de Seine, & coniointe par les pontz qui
y font.

marques sur divers points d'antiquités, des corrections et des
explications de divers endroits des auteurs grecs et latins, des res-
titutions de passages, etc. Dans le tome Ier du travail que Jean
Grüter a donné sous le titre de *Lampas seu fax artium*, hoc est
Thesaurus criticus, etc., ces observations sont sous le titre de
Annotationes priores dédiées au marquis Simon de Gonzague,
protecteur de l'auteur, et *Annotationes posteriores*, ou de *Annotationes linguæ latinæ græcæque conditæ per J.-B. Bonniensem*.
Celles-ci contiennent deux cent cinq chapitres. On trouve à la tête
deux épîtres, l'une au marquis de Gonzague, l'autre à Fr. Sode-
rini, cardinal prêtre du titre de Sainte-Suzanne.

1. Le traité *De Doctrinâ Scholarum*, d'un auteur inconnu, a
longtemps été attribué à Boëce (470-524), homme d'État et phi-
losophe.

2. Paris existait avant l'arrivée de César dans les Gaules ; me-
nacée par Labiénus, lieutenant du consul, la ville fut brûlée par
ses habitants, qui l'abandonnèrent ; rien ne prouve que le général romain l'ait rebâtie, les Parisiens se seront chargés de ce
soin.

3. Appelée Lutèce avant sa destruction, on a pu la nommer
Paris après sa reconstruction.

4. Plan.

5. Ce paragraphe est imprimé au dos du plan.

3. Selon Robert Gaguin [1] voicy quel a efté le commencement du parlement de Paris. Vn iour s'affem-
blèrent de toutes les villes de la Gaule tous les plus
fçauans & expérimentez pour parlementer enfemble,
& principalement ceux qui auoyent efté efleutz à cela,
& qui cognoiffoyent les coftumes[2] (*sic*) & ftatutz du
pays, lefquels après auoir examinés les caufes & différences de ceux qu'ils auoient appellez deuant eux,
prononçoyent les fentences. Mais pour ce que l'inftitution eut efté incertaine, ilz ordonnèrent une court
& fiège iudicial à Paris. Ilz y conftituèrent des iuges,
pour s'arrefter fur le lieu & donner fentence défini-
tive fur toutes appellations. Ilz font 80, en nombre,
receuant gaiges annuelz des deniers du roy. Ilz font
diuifez en quatre Chambres. En la première Chambre
il y a quatre préfidens & trente confeillers lefquelz
oyent les caufes & plaidoiries, donnent des délaiz,
& ordonnent de tout ce qui appartient à la cognoiffance
du droit. Toutesfois, quant aux petites & légières
caufes, ilz en iugent & donnent fentence eux mefmes.
En la feconde il y a dix huit confeillers & quatre préfidens, comme en la troifiefme auffi ; les uns font laicz,
les autres docteurs. Leur office eft, de voir les procès & de les examiner diligemment, & après auoir
fait leur rapport, l'vn des quatre préfidens de la
grand Chambre le fignifie aux parties au premier

---

1. Premier annaliste français (1440-1502), enterré au cloître
des Mathurins de Paris, dont il était supérieur.
2. Coutumes.

iour qu'ilz ont déterminé. Et ilz appellent ceſte ſentence arreſt, de laquelle il n'eſt licite d'appeller. Et
qui aura eſté là condamné, eſt contrainɛt de donner
aux conſeillers & iuges ſoixante liures pariſiiz.

4. Que ſi quelcun penſe que ſa cauſe n'a pas eſté
bien eſpluchée & examinée, ou malentendu, & par
conſéquent qu'on luy ayt fait tort, il peut de rechef
propoſer ſa cauſe en iugement, & la faire reuoir plus
diligemment. Mais ce ne ſera point que premièrement
il n'ayt conſigné double amande. La quatrieſme
Chambre eſt la Chambre des maires[1] du palaiz,
ceux-ci n'ont que les cauſes de ceux qui ſont au ſer-
uice du roy, ou qui ont le priuilège ſpécial d'eſtre
point moleſtés aux aultres courtz. Ilz ne ſont que
ſix en tout, & on peuſt appeller de leur ſentence au
Parlement. Quand il ſe trouue quelque grande difficulté en la déciſion des cauſes, toutes les Chambres
s'aſſemblent, pour en ordonner, ce qui ſe fait auſſi
ès choſes que le roy a déterminées pour le bien public.
Car toutes choſes ſe font par l'arreſt de ce Sénat.

5. Dauantage ce Parlement a aucuns aſſeſſeurs,
principalement quand les Pers[2] de France & les
Comtes qui ſont en la court du roy, y ſont préſens.

---

1. Liſez Maiſtres.

2. Pairs, du latin *pares*, égaux. Le principe de cette égalité
procédait de la fraternité d'armes, un des caractères des mœurs
germaniques. Le roi, au commencement de la troiſième race,
n'avait d'autre puiſſance que la puiſſance féodale. Les pairs
furent d'abord les vaſſaux immédiats du duché de France; c'eſt
ce qui explique pourquoi les pairs eccléſiastiques étaient, ſauf l'ar
chevêque de Reims, de ſimples évêques.

Ilz décident avec les autres des caufes royalles & des pers. Or ilz font douze, efleuz des plus nobles de toute France, ilz font fix eccléfiaftiques, à fçauoir l'archeuefque de Reins[1], l'éuefque de Laon[2], & l'éuefque de Langres[3], & ces trois font ducz, l'éuefque de Chaalons[4], l'éuefque de Noyon[5], & l'éuefque de Beauuaix[6], & ces trois font comtes. Les autres fix font princes féculiers, à fçauoir le duc de Bourgongne[7], le duc de Normandie[8], le duc de Guienne[9] : item le comte de Flandre[10], le comte de Tholofe[11], & le comte de Champaigne[12]. Charlemaigne fut le premier qui inftitua ces douze Pers, & les appella ainfi, pource qu'ilz deuoyent

1. Guillaume de Champagne, archevêque de Reims, sacra Philippe-Auguste en 1179, ce qui devint un privilége pour ses successeurs.

2. L'évêque de Laon portait la sainte ampoule au sacre.

3. L'évêque de Langres, au sacre, portait l'épée royale.

4. L'évêque de Châlons-sur-Marne y portait l'anneau royal.

5. L'évêque de Noyon portait la ceinture et le baudrier royal dans cette occasion.

6. L'évêque de Beauvais portait le manteau royal, et, avec l'évêque de Laon, restait aux côtés du roi pendant toute la cérémonie. L'auteur a interverti l'ordre de préséance des évêques comtes, il aurait dû nommer Beauvais, Châlons, et Noyon pour terminer.

7. Le duc de Bourgogne, depuis 1363, était le premier pair et le doyen des pairs. Au sacre, le prince qui le représentait, tenait la couronne et ceignait l'épée au roi.

8. Primitivement le premier pair, d'après Mathieu Paris.

9. Le seigneur qui, au sacre, représentait le duc de Guyenne ou d'Aquitaine, portait la première bannière carrée.

10. Le comte de Flandre y portait une des épées du roi.

11. Au sacre, le comte de Toulouse portait les éperons du roi.

12. Le comte de Champagne, au sacre, portait l'étendard de guerre.

eftre auprès du roy en pareille dignité[1]. Et ne font
fubietz à aucun iugement que du parlement de
Paris. Toutesfois auiourd'huy de noftre temps on
n'y a pas grand efgard, d'auantage aucuns d'iceux font
aboliz, & principalement les féculiers, comme le duc
de Bourgogne, & le comte de Flandre, & le roy fait
ce qu'il luy plaift.

6. Charlemaigne auffi fonda en ce temps-là l'Vniuerfité de Paris[2], eftant folicité à celà par quatre
perfonages de grand renom & fçauoir, les noms def-
quels font : Claude[3], Alcuin[4], Iehan[5], & Rabanus[6]. Ilz ont efté tous quatre difciples du vénérable
Bède[7], & vindrent d'Efcoffe en France.

1. Ce fut vers le xiiie siècle que les douze pairs ecclésiastiques
et laïques formèrent une institution distincte. Comme institution
féodale et nominale, on peut tout au plus la faire remonter à Hugues
Capet. Les romans de gestes dont Charlemagne et ses paladins
sont les héros ont pu seuls donner occasion de l'attribuer à Charlemagne. De son temps, les ducs étaient des chefs militaires, com-
mandant des armées, et chargés de défendre les frontières, et ayant
sous leur conduite des comtes, cumulant, comme eux, les pouvoirs
civil, militaire et administratif.

2. Charlemagne fonda l'école palatine et différentes écoles, mais
il est impossible de les confondre avec la corporation connue sous
le nom d'Université. Celle-ci ne date réellement que de Philippe-
Auguste, et l'ordonnance qui la constitue est de 1200.

3. Claude, chef de l'école palatine (814-818), évêque de Turin
(818).

4. Alcuin, savant anglais (726-804), chef de l'école palatine sous
Charlemagne.

5. Ce nom de baptême ne désigne pas suffisamment le personnage, un moine peut-être.

6. Raban Maur, savant né à Mayence (776-856), dont il devint
évêque.

7. Bède dit le Vénérable (672-725), né dans le comté de Durham,
embrassa toutes les sciences de son temps, et fut l'homme le plus

7. Strabon[1], excellent cofmographe recite, ce que
l'effeĉt auffi démonftre, que la Gaule, eft partout ar-
rouſée de fleuues & riuières, prefque toutes naui-
gables, comme Rofne, Loire, Mofelle, Meuſe & Senne.
Ces riuières cy & d'autres plus petites viennent en
partie des Alpes, en partie des montz Pirencs, lefquelz féparent l'Efpagne de la Gaule, & en partie des
montagnes d'Auuergne, qui s'eftendent, quafi iufques
à Lyon. Aucunes d'entre elles ont leur cours vers
l'Occident & entrent en la mer d'Angleterre, les
autres vers le Midy, et entrent en la mer Méditer-
ranée. Et celà tourne à grand prouffit au royaume
de France, veu que par ce moyen on peut facilement
tranſporter les marchandiſes d'vne mer à l'autre.

8. La Gaule de toute ancienneté a eſté toufiours
foigneufement habitée, tant ès villes & bourgades
qu'ès champs, iardins & prez....

On peut bien penſer combien le territoire de Paris
eft fertile par cecy, que le roy Louys unziefme vou-
lant vne fois fçauoir combien de gens de guerre la
ville de Paris pourait mettre en campagne, il trouua
qu'il en fortit feptante mille bien équippez & preftz de
combattre. Or où il y a vn fi grand peuple, il fault
neceffairement qu'il y ait auffi vn territoire plantureux,
qui puiffe fournir des viures.

distingué de son siècle. Son surnom lui fut donné à cause de la
vénération due à sa science et à ses vertus.
   1. Strabon, géographe grec, né 50 ans avant Jésus-Christ.

II

DU PINET (Anthoine).

_____

DE LA VILLE, CITÉ

ET

UNIVERSITÉ DE PARIS.

PLANT

ET

POURTRAIT DE PARIS.

I l'heureux défir qui me poind non moins d'apporter ornement que doüer de louange condigne l'illuftration de noftre langue françoife pouuoit obtenir du Tout-puiffant effeẛ conforme à fa grandeur, certainement (Leẛeurs amyables) ie me reputerois comblé de tel heur que le contentement s'en trouueroit ineftimable. Mais quoy, voyant les forces de mon efprit impuiffant à tel deuoir, & que la petite eftincelle qui luyt en moy ne pourroit receuoir que obfcurité par la fplendeur admirable d'vne infinité de diuins efprits qui l'ont efleuée en la fublimité d'honneur & d'efloquence : i'ayme mieux

I

n'entreprendre rien ſur leur gloire, qu'en imitant
leurs traces receuoir honte pour récompenſe. Si eſt-ce
toutefois que la crainte ne doit tant gagner ſur moy,
que, pour la petiteſſe de ma veine, ie ſoye contrainɗ
plus toſt d'enſeuelir que publier par traffique Palla-
diane l'heur du talent qui m'eſt commis. Conſidéré
que plus toſt ie tomberois au point blaſmable en
tout ſeruiteur inique que ie n'attendrois à la réputation déſirable à tout leur magnanime & bien nay;
par quoy expoſant aux rayons du cler iour le don
tel que i'ai receu de celuy qui peut tout, ſouz la
faueur de voz bonnes grâces ie prendroy hardieſſe de
vous faire part de ce que ie ſay de l'eſtre, ſituation,
hauteſſe & magnificence, de la très célébrée Lutèce,
en nos iours appellée Paris, non moins pour eſtre
leur réceptacle de tous bons eſprits : que pour ce que
ie ſens ià ma veine petite s'eſgayer en l'immortalité
de la gloire. Entendez donc (Cœurs généreux) que
l'opinion d'aucuns tient la ville de Paris auoir receu
la première fondation du très magnanime & viɗorieux
Iules Céſar[1], & que de ſon nom il l'appella premièrement Iulia : toute foys, aucuns adhérans à contraire
iugement croyent qu'elle a acquis ſon nom du dix-

---

1. On ne saurait assez regretter l'aberration des anciens chroniqueurs et de leurs maladroits copistes qui attribuent la fondation
de Paris à l'ennemi des Gaulois en général et des Parisiens en
particulier, au destructeur de leur ville. On est en droit de s'éton-
ner·qu'une rue de Paris porte le nom du féroce vainqueur de
Vercingétorix, et qu'on n'ait pas songé à conserver le nom de son
défenseur malheureux, Camulogène.

huytiefme Roy des Gaulois, appelé Pâris : 70 ans
après la première fondation de Troye : & 498 ans
avant Rome édifiée[1]. Ce nonobftant, plufieurs chroniqueurs efcriuant tout autrement atteftent icelle Cité
auoir efté conftruite & premièrement habitée par les
Troyens & Sicambriens 230 ans après que Sycambre
fut fondée par Francus, & qu'en réuerence de Pâris,
Alexandre, fils de Priam, ilz la nommèrent Paris[2].
Quoi qu'il en foit, laiffant le débat à qui en voudra
contefter, ie ne craindray de uous affermer que l'opinion première me femble plus conforme à la vérité :
voire & vous difcourir comme l'Ifle la plus fpacieufe
& éminente que la Seine enuironne, eft l'endroiçt
premier où iadis la Cité & Ville de Paris prit les
termes légitimes de fa priftine habitation. Depuis
elle les a agrandis auec fi grand fplendeur & puiffance,
que la volupteufe Corinthe, Athènes la ftudieufe,
Rhodes l'inexpugnable, & Ephèfe la renommée, voire
Rome mefme, perdroyent grâce, égallées à la moindre
perfeçtion de fon excellence[3]. Car la vérité me conuie
à la hauffer en la fublimité d'vn los tel : que fon
apparence repréfente mieux vn petit monde qu'vne
Cité, non moins pour l'affluence innombrable du
peuple réfident en icelle, que des manoirs & admi-

1. Chronologie et dynastie fabuleuses.
2. Même observation.
3. Imitation libre d'un passage de Knobelsdorf, Lutetia (1572).
Le texte se trouve cité dans l'Appendice I, n° 8. *Lutecia excellit
magnificas quosque urbes.*

rables édifices (entre lefquelz le Palaix Royal tient le
premier lieu) dont elle eſt décorée. Et n'eſt incon-
uénient de publier que l'incomparable beauté de ſon
enclos ſoit par cinq cens rües diuiſée pour ſa commo-
dité, ains plaiſant merueilleuſement à voir les cinq
beaux & riches ponts qui embelliſſent ſon ſéiour par
la propriété des maiſons ſur iceulx baſties d'vne ſi
bonne grâce, que leur aſpeƈt les faiƈt moins eſtimer
ponts, que places belles & ſpacieuſes. Mais, ſi par
celà la gloire de ſon renom eſt exaltée, encor augmente ſon luſtre par les richeſſes & marchandiſes
dont elle abonde : eſtant de toutes pars fréquentée
pour l'utilité non vulgaire qu'on en perçoit. A celà ſe
ioint le très floriſſaut exercice des lettres, qui perpétue
ſa réputation ſur toute ville de la terre : là toutes
diſciplines ſont en vigueur, & diuers collèges fondez
pour l'auancement des bonnes lettres : de l'éreƈtion
deſquelz on eſtime le très doƈte Alcuinus[1], précepteur
de l'inuincible Charlemaigne, autheur, inſtituteur ou
motif : pour le zèle indicible qu'il eut à l'accroiſſe-
ment des ſciences. Que diray-ie plus? éloquence
& ſçauoir me deffaudront ſi, taſchant à exalter ceſte
Cité tant renommée ainſi qu'elle en eſt digne, i'entre-
prens d'eſcrire le comble de toutes ſes perfeƈtions
& beautés. Par quoy, en ceſt endroit choiſiſſant
pluſtoſt l'office d'admirateur paiſible, que de ſcribe
inepte, ie remettroy ceſte charge à plus ſuffiſante

1. Alcuin établit l'école Palatine et d'autres, mais non l'Université, qui date du xiiie siècle seulement.

plume. Si eft-ce toutes foys que ne trouuerez mauuais
d'entendre la magnificence du Palaix Royal, l'ordre
loüable maintenu en la difpenfation des iugemens,
& l'excellence des Sénateurs difant droiét en iceluy :
ains auec moy loüerez fon excellence felon le mérite
d'icelle. Or, eft-il que, anciennement (comme récite le
Chroniqueur Gaguin[1]), de toutes les Citez de Gaule
ces hommes plus meurs, prudens, & approuuez, fe
fouloyent affembler en confeil en lieu & temps indiffé-
rent pour les affaires et du Royaume & de la Républi-
que, au gouuernement de laquelle on les réputoit fort
expérimentez, & là fouloyent décider iuridiquement
les controuerfes à eux déuolues par appellation. Mais
comme l'incertitude de l'inftitution, l'incommodité
des Sénateurs défaillans fouuent pour l'eflongnement
de leurs contrées, & le dommage que le peuple en
pouuoit receuoir; par autorité Royalle fut eftably
fiège & court de Parlement à Paris. Là, dans le
Palaix Royal (œuure de fingularité admirable) huiétante
confeillers perpétuelz font ordonnez pour congnoiftre
des différens dont le droiét leur attribue la cognoiffance par appel & appel, & commander toutes autres
chofes felon la néceffité occurrente, pour lefquels fins
leur eft affigné eftat limité des deniers du Roy. Et,

1. Gaguin (Robert), hiftorien et théologien, né à Colines, dio-
cèfe d'Arras (1440-1502), mourut à Paris, dans la maifon des
Mathurins, dont il était le fupérieur. On a de lui : *Chronique
depuis Pharamond jufqu'en 1491*, Paris, 1497, qu'il continua
jufqu'en 1499, en latin; une traduction françaife de la *Chronique
de Turpin*, Paris, 1527; des *lettres, difcours*, etc., en latin, 1497.

pour plus accélérer l'expédition des caufes, les fei-
gneurs fufmentionnés fe diuifent en quatre chambres,
en la première defquelles affiftent les quatre préfidens
auec trente confeillers, oyans procès par deuant eux
pendans, fententiaus, donnant de lays, & en fomme
décernans tout ce qui appartient aux mérites d'icelles
caufes. En la feconde font 18 confeillers, en la
troifiefme pareil nombre, & en chacune d'icelles
toufiours quatre préfidens préfident : & ce qui là fe
décrète ou arrefte, eft en certain iour déterminé, pro-
noncé par l'vn de Meffeigneurs les Préfidens de la
première chambre aux parties contentieufes ou pro-
cureurs pour icelles. Au moyen de quoy telle fentence eft nommée arreft, auquel n'eft loifible d'appeler :
ains conuient aux vaincus payer pour les efpices[1] de
Meffieurs foixante liures tournoys[2]. Mais fi quelqu'un
oppofant erreur en fa caufe pour certain poinɛt mal
entendu, demande reueue d'aɛtes, & eft admis à pro-
pofer fon intendit[3] : alors auant qu'il obtienne ce
qu'il défire, deura configner le double de la fomme
précédente. La Chambre quatriefme eft ordonnée à
certain nombre de confeillers appelés maiftres du

1. Quand on avait gagné un procès, on allait, par reconnaissance, offrir des épices à ses juges. Au lieu des épices et dragées
les juges trouvèrent plus commode de recevoir de l'argent ; depuis
le xvᵉ siècle, on appelait épices la somme que les juges des divers
tribunaux recevaient des parties dont ils avaient examiné le procès.

2. Les parisis étaient d'un quart plus forts que les tournois.
Ainsi la livre parisienne était de vingt-cinq sous et la livre tournois de vingt sous.

3. Terme de droit? ou faut-il lire interdit?

Palaix, deuant lefquelz feulement fe demeinent les différens de ceux qui eftans au feruice du Roy font priuilégiez de ne compairoir en aucune autre court que deuant eux. En icelle affiftent feulemeut fix Iuges, de l'ordonnance defquelz on peut appeler au Parlement. Voilà donc en fomme ce que noftre autheur m'a appris de l'eftat obferué entre Meffeigneurs du Parlement de Paris. Et dit encor que quelquefoys ilz reçoiuent affeffeurs, & qu'il eft loifible aux Pers, Princes, & Primats de France de difcerner & congnoiftre auec eux des affaires du Royaume, ou des caufes d'aucuns d'iceux Pers; qui font au nombre de douze, à fçauoir : fix eccléfiaftics & fix laix. Les eccléfiaftiques font les éuefques de Reims, de Laon, de Langres, de Beauuais, de Noyon, & de Chalon : aufquelz font adioints fix princes féculiers, à fçauoir : le duc de Bourgongne, le duc de Normandie & celuy d'Aquitaine : & les comtes de Flandres, de Tholofe, & de Champaigne[1]. Ces douze princes anciennement furent inftituez par l'empereur Charles le Grand, & appellez Pers[2] pour la dignité & magnificence égale en laquelle ilz eftoyent tenus comparoir deuant luy : & ordonna qu'ilz ne feroyent fubietz à autre iugement qu'à celuy du Parlement. Auffi fonda ce prince magnanime les eftudes de Paris, incité à ce faire par quatre doctes & vertueux perfonnages nom-

1. Voir, sur les douze Pairs de France, les notes dans ce volume, page 4.
2. Voir, sur l'origine des Pairs, la note, page 5.

mez Claude, Alcuinus, Iehan & Rabanus : lefquelz
on teſmoigne auoir eſté diſciples du vénérable Bêda [1] :
& d'Eſcoce s'eſtre retirez en France [2].

1. Voir, sur ces personnages célèbres, les notes, page 6.
2 Ce passage est emprunté à Munster et prête aux mêmes observations.

III

BRAÜN (Georges).

———

PARIS.

PARIS.

ARIS, ville capitale & métropoli-
taine, du très fertile royaume de
France, d'une grandeur incroyable,
eft préférée, non feulement à toutes
les villes de la France, mais auffi
aux plus grandes de toute l'Europe, en multitude
de nobles & gentilhommes, de marchands, bour-
geoys, & eftudians, magnificence d'édifices tant publiques que privez. Il fe trouve par les hiftoires,
qu'elle fut premièrement fondée par Pâris[1], qui
par fucceffion defcendit de Iaphet[2], fils de Noë,

---

1. Généalogie fabuleuse que Raoul de Presles a renouvelée
d'après l'historien du roi Philippe-Auguste, Rigord.

2. Japhet, selon l'Écriture sainte, est le troisième fils de Noé.
Sem, l'aîné, conserva l'Asie pour habitation quand les trois frères
se partagèrent le globe; ses descendants formèrent la race sémi-
tique; Cham et ses fils peuplèrent la Palestine et l'Afrique; Japhet
peupla l'Europe et une partie de l'Asie occidentale Les Grecs
avaient conservé le souvenir de cette tradition, quand ils faisaient
Japhet (Iapetus), père de leur race. Il eut sept fils : Gomer, Ma-

& fut le XVIII. Roy de la Gaule Celtique, duquel
auffi elle prit fon nom. Et, comme à fon commencement les rues ne fuffent encore pavées, la Ville,
eſtant fréquentée de grande abondance de peuple,
devint moult fangeuſe, dont elle fut appelée Luᴛᴇѕѕᴇ,
c'eſt-à-dire, boueuſe. Toutes foys, les autres eſtiment
qu'elle fut nommée Luceffe à cauſe de la blancheur
de ſes murailles, car λευκοτης en grec, fignifie blancheur en françoys. Iulles Céſar la rendit tellement
augmentée d'édifices, & la munit ſi bien de fortes
murailles, que Boëce, au liure de la diſcipline ſcho-
laſtique[1], la nomme Cité de Iulles.

La rivière de Seine, ſe partant en deux, diviſe
ceſte cité tant célèbre en troys parties : la première
desquelles eſt l'Vniuerſité; l'autre, la Cité; la tierce
eſt diᴄte la Ville. Charles le Grand, à la perſuaſion
de Alcuin[2], fon précepteur, y fonda l'Vniuerſité, de
celle qui eſtoit à Rome[3] en l'an de noſtre Seigneur
796, & l'orna magnifiquement de beaux priuilèges,
prérogatives & immunitez[4]. Auſſi a elle touſiours

gag, Madaï, Javan, Thiras, Tabal et Mosoch. On a fait du premier le père des Cimbres, du deuxième celui des Scythes ou Gètes,
du troisième celui des Mèdes, du quatrième celui des Ioniens ou
Grecs, et des trois derniers les pères des habitants de la Thrace,
de la Cappadoce et du Pont.

   1. Le traité *De Doctrina scholarum,* d'un auteur inconnu, a
longtemps été attribué à Boëce.

   2. Alcuin fonda et dirigea l'école Palatine sous Charlemagne.

   3. C'est une supposition. Charlemagne emprunta à Rome son
chant et sa liturgie.

   4. Ceci s'applique effectivement à Philippe-Auguste et à ses successeurs.

esté comme le domicile des Mufes, des difciplines
libérales & de toute humanité, la fource & fontaine
de toutes fciences, la mère & nourrice des hommes
doctes, & la pépinière de toute doctrine. Cefte Vniuerfité eft fondée fur quatre pilliers très fermes, c'eft
à fçavoir, la Théologie, la Médécine, les Loix & la
Faculté des Arts : les premières defquelles ont un
doyen & deux bedeaux ou huifliers, & la dernière,
qui eft la faculté des arts, eflit tous les troys moys un
Recteur, auquel toutes les autres obéiffent, comme à
leur fouverain chef. En cefte Vniuerfité font affignez
à quatre nations, à chafcune fon patron, c'eft à fçavoir : à celle de France, Picardie, Normandie & Ale-
maigne, & femblablement à la nation Angloife. L'Vniuerfité contient 17 églifes pour le feruice de Dieu,
14 monaftères, 4 hofpitaux, 3 chapelles, 20 collèges
publics. Oultre ce, il y a encore 30 collèges particuliers, où font entretenuz eftudians en certain nombre,
des fondations de riches perfonages [1].

La Cité eft entre l'Vniuerfité & la Ville, à laquelle
elle eft jointe avec trois ponts, & joint l'Vniuerfité
par le moïen de deux. Ces ponts refemblent pluftot
belles rues que ponts, à caufe des édifices qui font
baftiz des deux coftez d'iceux[2]. En cefte partie de
Paris eft le palais Royal, iadis bafti par Philippes le

1. L'auteur fait ici de la statistique, comme M. Jourdain de la
prose.
2. Les maisons bâties des deux côtés des ponts faisaient l'ad-
miration des étrangers.

Bel[1], & en iceluy la Sainɛ̃te Chapelle, faiɛ̃te par artifice admirable : pareillement, la grande églife Noftre
Dame, laquelle à caufe de fa belle & magnifique
ftruɛ̃ture, grandeur & magnificence d'ornemens
& images, eft tenue pour un miracle de la France.
En faifant les fondemens du Palays, on y trouua vn
crocodile vif[2], la difpouille duquel fe voit encores
auiourd'huy en la grande fale du Palays. Les autres
églifes de la Cité font au nombre de 20, 1. hofpital
& 5. chapelles.

La troifième, qui eft auffi la plus grande partie de
Paris, a nom de Ville, fi peuplée & tant bien baftie,
que celle partie feule fe peut comparer aux plus
grandes villes de la Gaule. Elle a 31. églifes,
10. monaftères, 4. hofpitaux, 11. chapelles.

La plupart des Eglifes, tant de la Cité que de
l'Vniuerfité & de la Ville, font décorées de fépulcres
& épitaphes des Princes & grands Seigneurs, & des

---

1. Le palais de la Cité fut reconstruit par les rois Philippe-
Auguste, saint Louis et Philippe le Bel, qui y fit exécuter des travaux considérables et l'acheva.

2. Braün connaissaît probablement par tradition la légende du
crocodile; il était aussi crédule que peu instruit sur l'histoire naturelle : comment admettre qu'un amphibie de cette taille puisse
vivre sans respirer, comment se serait-il trouvé en cet endroit ou
qui l'y aurait mis? On avance le fait au sujet des crapauds, mais
est-il bien avéré? On a trouvé, au siècle dernier, en creusant les
fondations d'une maison rue Dauphine, des ossements de baleine.
Cette légende parisienne était en honneur alors; un anonyme du
xvᵉ siècle, dont nous reproduirons le texte dans une prochaine
livraison, y voit un présage de la conquête par un prince français
du pays arrosé par le Nil, et prédit ainsi d'avance la conquête de
l'Égypte par Bonaparte, en 1799. Le fait est assez singulier.

reliques des Saincts. Toutes lefquelles chofes ont
efté fi diligemment fpécifiées par Gilles Corrozet, au
liure qu'il a efcrit de cefte Cité, que le lecteur ftu-
dieux ne pourroit défirer plus ample déclaration.
Paris a 14. portes, 10. faux bourgs, 5. ponts,
14 fonteines. Il y a vn fi grand apport de toutes
fortes de viures en cefte ville, qui y arriuent de
tous les endroicts, qu'ils fuffifent pour la nourri-
ture & entretenement d'une infinité de peuple qui y
eft; tellement que les eftrangiers fe font fouuent efba-
hys de la grande abondance qu'il a de toutes chofes
nécelfaires [1]. Les faux bourgs de Paris font fort longs
& bien larges, tellement que chafcun d'iceux peut eftre
égalé aux bonnes villes de France.

S. Denys, difciple de S. Paul, enfeigna les Pari-
fiens en la foy chreftienne, laquelle il maintint très
conftamment, non de parolles feulement, mais par
l'effufion de fon fang. Car la Cité arroufée du fang
de ce perfonnage innocent, commança à produire les
fruicts très délectables de la foy. Pharamond, Roy de
France [2], ayant embraffé la foy chreftienne, n'efpar-
gna point fes deniers pour décorer la ville de Paris
de plufieurs belles & magnifiques églifes [3]. Plufieurs

---

1. Knoberlsdorf, dans son poème *Lutetia*, *15*, avait déjà fait la
même remarque. Voir à l'Appendice I, n° 9.

2. Lisez Clovis.

3. L'édition latine de Braün parle ici du massacre de la Saint-
Barthélemy. Voir Appendice II. « En l'an 1572, le 24 août, on
fit dans cette ville un tel massacre des Huguenots, comme les
historiens n'en ont jamais enregistré depuis la ruine de Jérusa-

ont efcrit de la magnificence de Paris, & fingulière-
ment Gilles Corrozet, dont nous avons touché ci-
deffus[1].

lem. Plusieurs savants y périrent. On possède plusieurs relations
de cet événement. »

1. Dans l'édition latine, citée plus haut, le texte se termine
ainsi : « Eustache de Knobelsdorf, Prussien, a composé un poème
sur les magnificences de Paris. Gilles Corrozet a écrit tout un
livre sur ce sujet. Pyrrhus et Jacques Capelle ont composé chacun un éloge de Paris. Enfin François de Belleforest, en dernier
lieu, a donné, comme on devait s'y attendre, une description très
complète de la ville de Paris. » Dans l'Introduction, nous avons
cherché à trouver quel était ce Pyrrhus, panégyriste de Paris ; les
autres sont suffisamment connus, nous ne reviendrons pas sur ce
que nous avons dit pour ne pas nous répéter.

APPENDICES.

—————

APPENDICES.

LUTECIA PARRHISIORUM URBS.

SCRIBIT Iohannes Baptiſta Pius in annotationibus poſterioribus de Parrhiſio in hunc modum. Didici à Boetio Seuerino, civitatem illam celeberrimam, quam uulgò Parriſium uocant, à Iulio Cæſare conditam eſſe, atque vocatam Iuliam urbem, muſæo hodie florentiſſimam, & populo numeroſiſſimam. De quâ Architremius[1], poeta ingenioſiſſimus, Anglus luculenter & graphice his panegyricis ſcribit uerſibus.

COMMENDATIO EXCELLENTISSIMA URBIS
PARRHISIORUM.

Exoritur tandem locus, altera regia Phœbi.
Parrhiſius, Cyrræa uiris, Chryſæa metallis :

1. Architrenius, i. e. *archipleureur.*

Græca libris, Inda ftudijs, Romana poetis,
Attica philofophis, mundi rofa, balfamus orbis,
Sidonis ornatu, fua menfis & fua potu.
Diues agris. fœcunda mero, manfueta colonis
Meffe ferax, inoperta rubis, numerofa racemis,
Plena feris, fortis domino, pia regibus, aurâ
Dulcis, amæna fitu, bona quolibet omne uenuftum
Omne bonum fi fola bonis fortuna faueret.

EUSTATHIUS A KNOBELSDORF PRUTENUS

DE LAUDE ET SPLENDORE PARRHISIORUM URBIS.

1. *Lutetia regina inter multa oppida fibi fervientia.*

Erigit excelfos muros regina locorum,
    Turrigerum late confpiciturque caput.
Oppida diuitibus circum famulantia uillis,
    Ad nutum dominæ pinguia dura colunt.
Illa ferunt animus quicquid defiderat urbis,
    Quicquid auet ftrepera garrulitate forum.

2. *Infula quam facit Sequana, primus urbis fitus.*

Ac fpacium in medio quod fluminis unda locauit,
    Legitimus primæ terminus urbis erat.
Infulæque hei, tenui decus orbis limite cinxit,
    Non fecus ac tenerum fafcia prima Iouem.
Sequana fœcundis Heduorum collibus ortus
    Magnas exiguis fontibus haurit opes.

3. *Infulæ aliæ his lufibus aptæ*

Diuiditur medius, nudoque fit infula dorfo,
    Infula perpetuis lufibus apta iocis.

Diuisus mediam duplici meat amne per urbem,
    Parte renitentes fpectare utraque domos.
Dii, quantas ædes? Dii, quanta palatia luftrat?
    Vix ea Roma tuis inferiora puto.

4. *Pontes habitabiles inflar platearum.*

Inde fubit quinos, fed non fine pondere, pontes,
    Ardua ftructuris quos monumenta grauant.
Effe neges pontes, moneat nisi fama, plateæ
    Effigiem referunt, tergora faxa premunt.
Stant utrinque domus, folidâ tellure locatas
    Quis putet, occultis Sequana tranfit aquis.
Mox ubi collectus muros excedere tendat,
    Magnanimi fpectat nobile regis opus.

5. *Arx regia magnificenter ad Sequanam conftructa.*

Aula decens cultu, magnis operofa columnis,
    Lucida marmoreis turribus aftra petit.
Regibus apta domus, quoties inuifere partes
    Has placet, & populis reddere iura fuis.

6. *Populofitas Lutetiæ.*

Excute cunctarum diuortia flexa uiarum,
    Nullus ni hac dices angulus urbe vacat.
Si fpacium uideas, urbem non effe fed orbem,
    Congeftas mundi dixeris effe domos;
Sin cœtum populi, certe mirabere, quænam
    Terra quæat tantum fuftinuiffe gregem.
Tot iuuenes, tantam quoties confidero turbam,
    Hùc reor humanum penè coiffe genus.

7. *Numerus vicorum urbis Parifienfis.*

Quingenti quamuis fcindant hæc oppida uici,
   Quos aliquo dignos nomine fama putat;
Perpetuò cunctos uideas trepidare tumultu :
   Omnis multiuagum femita murmur habet.
Præ turbâ vix eft homini uia peruia, fegnes
   Cogimur hærendo nectere fæpè moras.

8. *Lutecia excellit magnificas quafque urbes.*

Parifis urbs, cœtu ueteres excellit Athenas,
   Non Ephefo cedit, non tibi, clara Rhodos,
Nec quamuis gemino fis æquore claufa, Corinthus,
   Accumuletque tuas plurima claffis opes.
Deficiunt nunquam Cærealia munera turbam :
   Hic uelut in cornu diuite cuncta fluunt.

9. *Omnia Luteciæ uenalia.*

Quidquid auent oculi; quicquid mens optat ementis,
   Illecebræ quicquid maximus orbis habet :
Quicquid enim tellus, labor, ingenium que parauit,
   Hùc uelut in certum confluit omne penu.

10. *Opes & uires Lutetiæ.*

Eft aliquid tantùm populi, vidiffe, tot urbes,
   Ingenio fummos conciliaffe uiros;
Fertilis ipfa fuis uix nouit Gallia uires,
   Tantum præ reliquis illa uigoris habet.

11. *Origo urbis Parifienfis.*

Semina quis primum uenturæ iecerit urbi,
   Me latet, ex Diuis elicienda fides.

Urbs uetus eft; author longis intercidit annis :
  Credibile eft aliquos hanc pofuiffe deos.
Aufpicio tam felici, tam diuite creuit,
  Floruit, & multis inclyta temporibus.

12. *Alcuinus primus Parifienfis ftudii inftitutor.*

Ecce fenex quidam varijs agitatus ab auftris
  Attulit optatos in loca Galla pedes.
Nomen adhuc minuit quamuis cariofa uetuftas,
  Alcuinus meritum pofteritatis habet.
Quas pofuere fcholas, fuperare palatia regum
  Struɗuris, fpatio, fumptibus, arte putes.
Centum Mygdonio collegia ftantia faxo
  Magnificas cingunt confpicienda domos.
Singula mille ftrepunt, poft tintinnabula, linguis;
  Incœptum uario murmure feruet opus.

DE PERLAMENTO ET GYMNASIO PARISIENSI.

Secundum Robertum Gaguinum Perlamentum Pari-
fianum tale habuit initium. Conuenerunt olim ex omni-
bus Galliæ ciuitatibus probatiffimi & expertiffimi quique
uiri in unum confilium, præfertim qui ad hoc deleɗi
erant & nouerant regni confuetudines & iura, exami-
natisque caufis & controuerfijs eorum qui ad ipfos
prouocauerunt, ius dicebant. Sed quia uaga effet incer-
taque inftitutio, decreta Parifius curia & fedes eft. Sunt
que ad eam iudices defignati, qui, ibi confiftentes, per-
petui prouocationum definitores effent. Illorum oɗo-
ginta numero funt, annua ftipendia ex fifco regio per-
cipientes. Hi autem diuifi funt in quatuor confilia
& curias, quas cameras uocant. In primâ camerâ fedent
quatuor regentes feu præfides atque triginta confiliarii,

qui audiunt caufas & lites, conftituunt terminos & fa-
ciunt dilationes, & quæ ad iuris cognitionem attinent.
Minores tamen caufas & leuiora ipfi dijudicant. In fe-
cundâ camerâ fedent decem & octo confiliarij, ficut & in
tertiâ, & in utrâque fedent quatuor præfidentes, & hi
confiliarij partim funt laïci & partim doctores. Officium
eorum eft, diligenter caufas examinare, & quicquid illi
decernunt, hoc unus ex quatuor præfidentibus primæ
cameræ denunciat partibus litigantibus, primâ die ab
ipfis determinatâ. Et hanc fententiam uocant areftum,
id eft, firmam, nec licet ab eâ appellare. Qui autem hic
reus indicatus fuerit, cogitur dare iudicibus fexaginta
libras Turonenfes. Quod fi quis exiftimet caufam fuam
non fatis difcuffam & examinatam aut non recdè intel-
lectam, atque ob id fibi iniuriam factam, huic licet caufam fuam rurfum in iudicio proponere & diligentius
examinare. Verùm non priùs auditur, quam duplicatam
dictæ pecuniæ fummam depofuerit. In quartâ camerâ funt
confiliarij quos uocant magiftros palatij, & hi audiunt
folum illorum caufas qui regis obfequij funt deputati,
aut fpeciali priuilegio donati, ne ab alijs curijs infef-
tentur. Sedent in hac camerâ folum fex iudices, licet-
que ab eorum fententiâ prouocare ad Perlamentum. In
decidendis caufis, quum magna difficultas offertur, hoc
omnium curiarum confiliarijs congregatis difcutitur,
quod etiam fit in his quæ rex de republicâ ftatuit.
Huius enim fenatûs decreto omnia æduntur. Habet
proindè hoc Perlamentum aliquot affeffores & coniu-
dices, præfertim quando Pares Franciæ præfentes funt
& comites qui in regis curiâ funt; et hi unâ cum pari-
bus difcernunt & definiunt in Regalium & Parium
caufis. Sunt autem duodecim Pares electi ex cunctis no-
bilibus regni, quorum fex funt ex collegio facerdotum,
nempè epifcopus Remenfis, epifcopus Laudunensis,
epifcopus Lingonenfis, qui etiam duces appellantur;

epifcopus Bellouacenfis, epifcopus Nouiomenfis, epifcopus Cathalaunenfis, qui comites uocantur. Et his
adduntur fex principes feculares, nempè dux Burgundiæ,
dux Normanniæ & dux Aquitaniæ : item comes Flandriæ, comes Tolofanus, & comes Campaniæ. Hos duodecim principes primum inftituit Carolus Magnus,
appellauitque eos Pares, quod pari dignitate adftare de-
beant regi. Nec fubjiciuntur ulli iudicio nifi Perlamenti.
Noftro tamen tempore horum duodecim principum non
magnus eft refpectus, deindè quidam funt aboliti, præfertim ex fecularibus, ut dux Burgundiæ & comes
Flandriæ, & rex agit quod illi placet. Fundauit quoque
illis temporibus Carolus Magnus ftudium Parifienfe,
follicitatus ad hoc per quatuor infignes & doctos uiros,
quorum nomina funt, Claudius, Alcuinus, Iohannes
& Rabanus. Hi fuerant difcipuli uenerabilis doctoris
Bedæ, ueneruntque ex Scotiâ in Franciam.

Scribit infignis cofmographus Strabo, quod & res
ipfa comprobat, Galliam ubique allui fluuijs, ijsque pro
magnâ parte nauigabilibus, quales funt Rhodanus, Lige-
ris, Mofella, Mofa & Sequana. Ifti & alij minores, partim prodeunt ex Alpibus, partim ex Pyreneis monti-
bus, qui Hifpaniam difpefcunt à Galliâ, et partim ex
monte Cemmeno[1], qui ad Lugdunum ferè pertingit
Quidam fluuiorum curfum tenent uerfus Aquilonem,
recipiunturque à mari Anglico, alij labuntur ad Auftrum
exoneranturque in mare Mediterraneum, id quod in
magnam regni cedit commoditatem, quum hoc pacto
merces facilè ab uno mari ad aliud transferri poffint.

Fuit Gallia ab antiquis temporibus femper culta,
tam in urbibus & oppidis, quam in agris, hortis
& pratis. Quam ferax fit ager Parifianus, poteris hinc
colligere, quùm uice quâdam rex Ludouicus undecimus

1. Cevenneno. V. D.

ſcire uellet, quot armatos uiros Lutetia producere poſſet in agrum, numerati ſunt ſeptuaginta millia uirorum procedentium ad militiam. Vbi autem multus eſt populus, neceſſe eſt ut fœcundum habeant agrum undè eis ſufficiens ſuppetat uictus.

II

LUTETIA PARISIORUM.

L UTETIA Parisiorum, fertilissimi regni francici
caput atque metropolis, magnitudine incredibili
nobilium, mercatorum, civium et studiosorum
frequentiâ, ædificiorum et publicorum et privatorum
splendore, non modo universæ Galliæ, sed maximis
totius Europæ civitatibus præfertur. Hæc à Paride,
qui à Japhet, filio Noë, successive descendit, et 18 Cel-
ticæ Galliæ rex historiarum monumentis declaratur, primum fundata, à quo et nomen sortita fuit. Posteàquam
vero plateâ lapidum pavimento stratæ non essent, has
autem ingens hominum multitudo contereret, ob magnitudinem luti, Lutetia denominata dicitur. Alii
tamen ab albedine murorum, quam λευκοτης Græci,
Lutetiam vocari existimant. Eam Iulius Cesar usque
adeo ædificiis adauxit, tamque fortiter mœnibus cinxit,
ut Julii civitas à Boetio, lib. *de Disciplinâ scholarum*,
vocetur. Celeberrimam hanc civitatem Sequana duplici
amne dividens, tripartitam constituit, quarum prior Universitas, altera Civitas, tertia Urbs nominatur. Illam
Carolus magnus Alcuini præceptoris sui instinctu, anno à
Christo nato 796 ex Romanâ fundavit, et permultis præ-
rogativis, privilegiis et immunitatibus splendidissimè
exornavit. Quæ Musarum, disciplinarum liberalium et

humanitatis, quasi domicilium, fons et origo omnium
scientiarum, mater et seminarium doctissimorum viro-
rum semper fuit. Quatuor vero firmissimis columnis
innititur : Theologiæ, Medicinæ, Juris et Artium facul.
tatibus, quarum priores decanum et Pedellos binos, sive
ostiarios habent. Postrema autem magnificum dominum
Rectorem tertio quoque mense eligit, cui facultates
omnes reliquæ, tanquam supremo capiti, parent. Uni-
versitate quatuor hominum nationibus singulares desig-
nantur patroni : Franciæ, Picardiæ, Normandiæ, atque
Germaniæ, cui natio anglica jungitur. Universitas rei
sacræ dicatas ædes magnificè cultas continet 17, monasteria 14, xenodochia 4, sacella 3, collegia publica 20,
privata (quæ amplissimorum hominum cultoribus victus
et studiorum necessaria elargiuntur) 30.

Civitas, inter Universitatem et Urbem media, huic
quidam tribus, illi vero duobus conjungitur pontibus,
qui utrinque ædium constructione, non pontium, sed
platearum formam referunt. In hac Parisiorum parte
Palatium à Philippo Pulcro ædificatum et in eo sacellum
sanctum stupendo artificio constructum, magnificumque
Beatæ Virginis fanum continetur, quod quidem ob ele-
gantiam formæ, magnitudinem et artificiosissimorum
signorum præstantiam, totius Galliæ miraculum ha-
betur. Crocodilus vivus in Palatii fundamento inventus
fuit, cujus exuvium hodierno etiam die in magnâ palatii aulâ exhibetur. Reliqua civitatis templa nume-
rantur 20, xenodochia 1, sacella 5.

Tertia, quæ et maxima Parisiorum pars, Urbis nomen
obtinet, habitatoribus et pulcherrimis ædificiis adeo
frequens, ut ea sola maximis totius Galliæ civitatibus
annumerari queat. Templa habet 31, monasteria 10,
xenodochia 4, sacella 6. Quam plurima autem, tam
Civitatis, quam Universitatis et Urbis fana, Regum ac
ducum ornatissimis sepulturis et epitaphiis, præstan-

tissimisque sanctorum reliquis nitent. Quæ tam accuratè Ægidius Corrozet in suo de hac civitate libro
annotavit, nihil ut studiosus lector amplius desiderare
queat. Lutetia Parisiorum portas 14 habet, pontes 5,
fontes 16, suburbia 10. Undique in hanc civitatem
tanta annonæ defertur copia, nihil ut hic infinitæ
hominum multitudini ad vitæ necessarium desit. Mirati
sunt frequenter Germani, qui studiorum causâ huc
veniunt, omnium rerum, quæ hominum necessitati des-
serviunt, ingentem abundantiam. Maxima et lata
Lutetia habet suburbia, ut pleraque cum magnis
Franciæ civitatibus certent. S. Dionysius, D. Pauli disci-
pulus, primus Parisienses christianâ doctrinâ imbuit,
quam non modo sermone, sed et sanguinis effusione
fortissimè confirmavit. Irrigata innocentissimi viri san-
guine civitas jucundissimos fructus fidei cœpit proferre.

Pharamundus, Galliæ rex, christianam fidem pro-
fessus, inclytis et augustissimis fanis, ingenti sumptu
constructis, Parisiensem civitatem illustravit. Anno sa-
lutis 1572, augusti 24, maxima Vgonotarum strages
hâc in urbe est edita, quantam, ab hominum memoriâ
post Hierosolymitarum excidium, nulla historiarum
monumenta prodiderunt. In quâ complures etiam viri
docti sunt cæsi. De hac autem cæde, variorum nunc
commentarii extant.

Eustathius à Knöbeldorf, Prutenus, Parisiorum magnificentiam carmine conscripsit. Item singulari libello
Ægidius Corrozet. Pyrrhus vero et Jacobus Capellus,
oratione solutâ præstiterunt. Franciscus vero Bellefortius, uti postremo, ita omnium accuratissimè Lutetianam hanc urbem descripsit.

III

ÉLOGE DE MUNSTER, PAR THEVET.

P LUSIEURS s'estonneront[1] de ce qu'ayant en ma *Cofmographie* et en cet œuvre si souvent repris Munster, présentement je représente son portrait et dresse par manière d'éloge le brief discours de sa vie. Ausquels je ne veux, pour les contenter, opposer rien autre que la deffence que prit Aristote sur ce qu'on lui eut sceu reprocher, qu'il se bandoit contre Platon, lequel comme son maître et précepteur il devoit chérir et honorer. Platon, dit-il, m'est amy, et la vérité m'est amie. C'est pourquoi, encore que je prise le sçavoir de Munster, si ne puis-je le flatter en quoy je connois qu'il s'est mépris : autrement il faudroit quitter mon naturel, et d'une affection mal advisée épouser les opinions d'autruy, lesquelles je vois autant éloignée de la vérité, qu'il y a de distance entre le dernier Ciel jusqu'au centre de la terre. Et afin que je desploye quelque chose de ce que je puis avoir sur le cœur de personnage, je trouve que de trois costez son honneur est terny et déchiré. Quant à luy, pour avoir été trop prompt à croire, au raport d'autruy, il s'est laissé couler en une milliasse de faussetez, bourdes et niaiseries,

1. Voire s'émerveilleront.

dont j'en ay en passant remarqué quelques unes, ainsi
que le pouvoit permettre le sujet que je traitois. Voilà
ce que c'est de s'aventurer en ce qui passe les bornes et
limites, soit de notre capacité, soit de notre vacation.
S'il eût remarqué que la Cosmographie doit estre traitée
par personnages, qui ayant hanté et découvert les païs,
contrées et régions du monde, je n'estime pas qu'il eût
osé s'hazarder à chose où il n'entendoit que le haut
allemand : car encore que par la proportion bien ordonnée du globe terrestre on puisse appréhender les hau-
teurs des lignes, climats, parallèles, cercles, latitude,
longitude, dégrez, minutes, et dimensions : toutes fois
celà est avec une incertitude si grande, que ceux qui,
sans avoir de leurs yeux découvert les païs, en ont
voulu raisonner, ont trouvé leur raison éclipsée de trois
quartiers et de la moitié et davantage de l'autre quart.
Pour cette occasion on n'adjouste pas grande foy à
Xénophon et Thucydide, parce qu'ils n'estoient parvenus jusqu'aux lieux dont ils faisoient mention.
Comme aussi le récit d'Ephore et Timée est demeuré
fresle, douteux et mal-asseuré, pour ce que, non point
par paresse et négligence ils se sont mépris, mais par
faute d'avoir sceu découvrir l'assieste des païs et régions
dont ils dressèrent un discours : au lieu qu'on voit le
grand poids qu'a eu le rapport d'Artémidore, quand il
escrit, d'Arabie, parce qu'il y avoit esté, lorsqu'Ælius
Gallus y fut dépesché par les Romains. De même aussi
sans caution, comme l'on dit, s'assure-t-on de ce que
Diodore le Sicilien descrit, promet et propose des
affaires des Égyptiens. Et c'est cela qu'on dit coustu-
mièrement qu'un témoin qui a veu, vaut d'avantage
que dix qui auront oüy. Cela fait que je loüe grandement ce qu'a escrit Munster touchant son païs d'Allemagne, puis qu'on voit qu'au plus près de la vérité il en
a escrit ce qu'il en sçavoit, mais à ce qui est des païs

estrangers, il n'y a personne qui avec moi ne recon-
noisse, qu'il a passé par dessus, et le plus souvent a pris
le blanc pour le noir, pour avoir pesché dans les be-
zasses de quelques ignorans, qui n'avoient que danrées
falsifiées et corrompües. Dont je m'estonne plus, est
qu'il y en a eu qui, n'estant plus habiles de sçavoir que
Munster, ont néanmoins osé gratter sur luy, le refondre
de nouveau, qui est le second chef sur lequel je fonde
le grief que je prétends à l'encontre de ceux qui n'ayant
porté leur nez guères plus loin que les tisons de leurs
foyers, leurs poiles ou leurs cahuettes, cependant osent
se faire accroire qu'il n'y a coin, canton, ni anglet de
terre, lequel ils n'ayent fureté, mais c'est imaginaire-
ment. Pour couvrir cette par trop présomptueuse entreprise, ils ont par cy par là dérobé ce qu'ils ont peu,
et quelquefois ont voulu estronçonner de petits lopins
de la suite des discours qu'ils ont chastré. Si bien que
leurs gros bouquins ne sont composez pour la plupart
que de pièces raportées, qui sont de si mauvaise grâce,
qu'à ce que je puis apprendre, ils ne servent qu'à faire
des cornets aux espiciers et beurriers. Ce que j'en dis
ainsi ouvertement est pour le regret que j'ay, que Belleforest ait assez indiscrètement voulu rabobliner la
Cosmographie de Munster. Je ne fais pas de doute
que quelques-uns n'estiment, que (ce que) j'en dis, ce
soit pour luy rendre pour poids fèves, et qu'ayant été
agacé par luy, je veuille à cette heure descharger la
fureur de mon courroux sur luy. Dieu m'en sera à
témoin, et de ma part, quand il m'auroit plus offensé
qu'il n'a, je serois bien fasché de satyriser et mal
parler d'un mort. Joint qu'à la fin de ses jours, reconnaissant le tort qu'il avoit, d'avoir fait imprimer ces
livres où, contre sa conscience, il déchiroit la renommée
des gens de bien et de ceux qui luy avoient mis le pain à
la main, il me manda : et, en présence de deux Doc-

teurs de la Sorbonne, son médecin et son marchand
libraire et imprimeur, Gabriel Buon, après m'avoir
baisé les mains, confessa publiquement qu'il sentoit sa
conscience chargée des blasmes qu'il m'avoit imposé :
parquoy il me demanda pardon par plusieurs fois. De
ma part je le requis au mieux qu'il me fut possible, et
luy dis qu'il ne devoit pas penser à celà, attendu que
nous étions tous hommes. Et quand à Munster, je ne
suis point de ceux, qui quant le loup est mort (comme
l'on dit) sont hardis à abboyer; mais n'oseroient de cent
pas à la ronde approcher de luy. J'ay lettre de ce docte
Allemand, escrite dès l'an mil cinq cent cinquante, par
laquelle il se rétracte de certaines fautes lourdes qu'il
avoit commis dans sa Cosmographie, prend de bonne
part les repréhensions que je luy avois faites, sous pro-
messe de les remarquer et retrancher en la première
édition qui en seroit après faite. Faut que la mort ait
coupé une si louable rétractation. Au moins si ceux qui
ont remis la main sur sa Cosmographie, eussent daigné
demander aux successeurs de ce bon personnage les
mémoires qu'il pouvoit avoir escrit après la dernière
édition, ils n'eussent (j'en suis bien asseuré) fait
de si lourdes démarches. Or, pour reprendre nostre
Munster, le troisiesme chef qu'on peut employer pour
le ternissement de son honneur, est que l'autheur des
portraits des Hommes illustres le semble mépriser de ce
qu'il a esté Cordelier, comme si l'habit de Saint François et la Chrestienneté en un mesme sujet fussent deux
choses incompatibles. Parce qu'il est de différente opinion d'avec moy, je ne le battray point des arguments
propres à le persuader aux Catholiques, d'autant que je
sçay bien qu'il ne s'en feroit que rire. Mais je luy veux
apprandre sa leçon des livres mesmes de ceux de sa
religion, qui confessent que le Baptesme qui est receu
en l'Eglise Catholique Romaine, retient encore la

forme essentielle qui faits Chrestiens ceux qui sont
baptisez. Delà, je conclus que, puisque Munster a esté
baptisé, il est chrestien. Et il y a bien plus, que les
Catholiques Romains ne sont point retranchez de la
compagnie des Chrestiens par Calvin et celuy mesme
auquel nous adressons ce propos, qui pouvoit bien plus
modestement parler de Munster, sans tout d'un coup le
deschrestienner dès qu'il a été Cordelier. Possible fonde-
t-il sa raison sur ce que les Catholiques croyent Jésus
Christ, lequel luy ni les siens ne veulent advoüer?

Mais cela est rompre l'anguille au genoüil. Que s'il le
veut oster du nombre des Chrestiens à cause de la be-
zasse qu'il faut que les mendiants portent, je le quitte,
moyennant aussi qu'il m'accorde deux points. Le premier est que Jesus Christ rejette du nombre des siens
les pauvres : ce qui est manifestement répugnant à la
vérité Évangélique, et par ainsi je tiens tant de luy,
que jamais il ne me passera cet article. Le second est
qu'il retranchera du nombre des Chrestiens tous ceux qui
ont esté mendians ou moynes, et par ce moyen il effa-
cera du livre de loüange une grande bande de ceux
qu'il a tant prisé en son œuvre des portraits, et mesme
nostre Munster. Vous y trouverez son Hierosme Savo-
narole, lequel il fait Florentin, quoyqu'il fut Ferrarois :
il estoit Jacobin. Quand à Martin Luther on sçait fort
bien qu'il fut Augustin, et Conrad Pellican, Cordelier;
Jean Baleus, Anglois, Carme; Pierre, Martyr, de l'ordre
de Saint Augustin; François Kol, Augustin; Marlorat,
Jean Bugenhage, Martin Bucer, Volfgand Muscule,
Christophe d'Areliano et une longue traite d'autres,
avoir esté premièrement esclos dans des couvents et
monastères, desquels ils ne pouvoient sortir et rompre
leur veu de chasteté sans permission ou dispense du
Pape, et les conditions sous lesquelles les saints Con-
ciles ont permis qu'ils pourroient quitter leur religion,

à sçavoir si par force, ou n'ayant l'âge compétant ils
ont esté reclus ès cloistres, qui ont esté les ouvriers de
l'édifice de leur Religion, et par ainsi qu'ils doivent
estre renvoyez, ou au paganisme, ou au mahométisme,
ou enfin au mélange de l'un et de l'autre. Là-dessus je
sçay fort bien qu'il me repondra que leur conversion
les a refaits Chrestiens, ce qui sera fort difficile à me
persuader, puisque je tiens pour maxime indubitable,
que la seule porte et entrée du Christianisme tourne
sur les gonds du Baptesme. Toutesfois, puisque ce discours n'a pas été entrepris pour rembarrer avec raisons
Théologales ceux qui détractent de l'Église Catholique,
Apostolique, Romaine, je me deporteray de cette dis-
pute, pour retourner à notre Munster, lequel (ainsi que
lui mesme a escrit au troisiesme livre de fa Cosmographie) estoit fils d'André Munster, né à Ingelheim,
lieu fort renommé, tant pour son assiette, qui est fort
belle et plaisante, que pour la naissance qu'il a donné
à l'Empereur Charles le Grand, encore que certains le
veulent faire natif de Liège : ce que je ne puis croire,
attendu que cet Empereur, quand il estoit en la haute
Allemagne, avoit accoustumé de se tenir dans son su-
perbe et magnifique palais, qu'il avoit là. Que s'il doit
estre renommé pour avoir donné naissance à un empereur, qui a par ses actions et victorieuses conquestes
fait retentir par tout le monde le bruit de son excellence, combien plus doit Ingelheim estre estimé d'avoir
enfanté celuy qui n'a point seulement consacré à éter-
nité la mémoire du lieu de sa naissance, mais aussi
l'Allemagne entière et le reste des contrées de tout le
monde ; je ne tirerai point hors ligne de compte ce qui
ne peut lui estre désavoüé pour le mérite de sa Cosmographie, puisque cy-dessus j'en ay desja assés suffisamment parlé, et qu'il n'y a homme qui ne doive
grandement admirer la diligence, qu'il a mis à recher-

cher tant l'assiette des places, dont il propose les descriptions, que les loix, mœurs, usances, coustumes et manières de vivre des peuples, quelque esloignés qu'ils soient. J'ay prou d'autres articles, lesquels si je vouloye mettre par compte, faudroit enfler de beaucoup ce présent éloge. Pour les sciences mathématiques, il a mis en lumière plusieurs beaux et excellens livres, qui servent de beaucoup à l'illustration de ces disciplines. Vous avez son Horologegraphie, où il dresse plusieurs sortes de compositions d'horloges, le tout avec plusieurs figures gaillardes et gentilles. En après, son organe uranique nous représente les Théoriques de toutes les planètes, leurs mouvemens ordinaires iusques à cent ans : les changemens de la Lune, quand elle croist, envieillit ou deffaut à cause de l'Eclipse : le deffaut du Soleil. Les règles sur le nouveau instrument luminaire, enseignant par quels moyens on trouve les vrays et moyens mouvemens du Soleil et de la Lune, les lunaisons, les conjonctions, les oppositions, le chef du Dragon, les Eclipses, les heures égales et inégales de la nuit, le lever et le coucher du Soleil, l'ascendant du ciel, l'intervalle, le nombre d'or et infinies autres raretés dignes de fort grande remarque. Les tables nouvelles qu'il a adjoutées sur la Géographie de Ptolémée, basties avec telle industrie, que pour lire dans ce géographe est presques impossible, sans avoir les lunettes dressées et accommodées de Munster. Sur Pomponius Méla et Jule Solin il a passé son pinceau pour dégrossir, nettoyer et purifier les rides, macules et obscurités, qui rendoient ces autheurs autrement ennuyeux au Lecteur. Je laisse à part quelques autres petits traictés, qui sont glissés parmy les œuvres d'autres excellens mathématiciens pour estaler ce qu'il a consacré à la langue hébraïque, à laquelle il a apporté autant de lumière que nul autre de son âge. Premièrement je produiray l'introduction

qu'il a fait pour la langue hébraïque, avec une telle
facilité, que les plus lourds peuvent, presques en dor-
mant, comprendre les secrets d'une si sainte et divine
langue. Vous avez des tables, grammaires despareil-
lées et jointes ensemble, pour l'explication de toutes les
parties de la langue hébraïque, soit sur les déclinaisons
des pronoms, les conjugaisons des verbes, l'artifice de
soumettre les affixes, les façons diverses et jugemens
des noms, les explications des consignatifs, les abrévia-
tions magistrales, les difficultez des accens et la composition des vers. Ce fut Munster qui premier escrivit la
grammaire Chaldaïque, après avoir commenté quelques
règles générales des Hébrieux. De son cabinet aussi est
sorti ce riche et élégant dictionnaire chaldaïque. Voire
mais, qu'est-il besoin de m'arrester si longtemps sur la
liste des livres, qui ont seulement servi de trace pour
parvenir à la cognoissance de cette première et divine
langue. Bien peu trouverons nous de livres au vieil et
nouveau Testament, qui n'ayent été calcinés, reveus et
observés par Munster. Je n'en feray point particulier
récit, de peur d'ennuyer le lecteur, qui pourra, s'il lui
plaist, prendre la patience, avoir recours à ceux qui ont
dressé registre et inventaire des livres partis de la
bibliothèque de Munster. La subtilité duquel je n'ad-
mire point tant, comme je fais la facilité conjointe avec
une profondité de sçavoir inestimable, dont il a usé
pour interpréter les livres sacrés. Surtout il a mis
grande peine de découvrir les abus, impostures et
resveries des Rabins, qui, sous prétexte qu'ils avoient
naturellement la cognoissance de la langue sacrée, se
sont fait accroire qu'il leur étoit loisible de tourner,
rire et renverser le sens de l'escripture à leur poste,
afin que par ce moyen, embarassant de leurs resveries
la vérité de la parole de Dieu, ils nous privassent du
fruit de la lumière que avec un certain juif acca-

riastre, qui s'opiniastroit obstinément pour son Messias,
où il le gale de toutes façons, et luy apprend que
le vray Messie est desja apparu, le vray et unique Sau-
veur de tout le monde, auquel les Chrestiens croyent.
C'est le Dialogue qu'il composa en Hébrieu et en Latin,
afin que les Juifs peussent veoir là leur procez faict,
puis que leurs ruses estoient découvertes, et d'autre
costé que les Chrétiens s'équipassent de toutes armes,
dont là il dressa un arsenal pour résister aux calomnies
et faussetés judaïques. Il a fait plusieurs belles traductions tant des livres de la Bible que de ceux des Rabins,
lesquels il cognoissoit pouvoir servir à l'édification de
l'Eglise de Dieu. A laquelle non-seulement par escrits,
mais aussi de bouche, il a servy en l'exercice de pro-
fesseur, où il estoit appelé à Basle, ville entre autres
choses renommée pour la fameuse université qu'y
dressa le pape Pie Second, comme il appert par ses
lettres, données à Mantoüe, le dernier jour de Dé-
cembre, l'an de grâce mil quatre cent cinquante neuf,
et de son pontificat le deuxième, lesquelles contiennent
cecy. « Jadis quand nous étions encore en plus bas estat,
avons évidemment cognu par l'espace de tems que
nous avons demouré en la très renommée ville de Basle,
que c'estoit un lieu quand à la salubrité de l'air,
et toutes autres utilitez, desquelles l'homme peut
se resjouir, fort exquis, et pour celà bien commode
à sustenter les semences des arts et des lettres. Parquoy nous, estans parvenus au plus haut degré de la
dignité apostolique, et désirant illustrer et esclaircir
par la lumière des sciences tant icelle ville que le
pays alentour, et l'appuyer du conseil de gens sçavans,
avons estably et ordonné audict lieu une université géné-
rale, et donné licence de lire perpétuellement tant en
la sacrée théologie et chascun droict qu'en toutes autres
facultés licites. » Et ne contenta pas ce Pape d'y dresser

une Académie, ains aussy (comme tesmoigne celuy, auquel est destiné cest éloge, au troisième livre de la Cosmographie universelle) luy octroya tous les privilèges, droicts et libertez qu'ont Boloigne, Coloigne, Erford, Lipse, Vienne et Heidelberg. Là cest excellent personnage leut par un fort long tems. Enfin, après avoir de la manière qu'avez entendu, immortalisé son nom, mourust de peste l'an cinq cent cinquante deux, à l'aage de soixante ans, au grand regret, non seulement de Basle, mais aussi de tous les bons esprits, amateurs de vertu. De ma part, je suis esté contristé de sa mort, autant que nul autre de ses amys, pour l'envie que j'avoye qu'il donna un coup de plume avant mourir là où il s'estoit laissez misérablement surprendre à erreur, pour avoir voulu croire trop de légier et à toutes heurtes. Il avoit eue fort grande familiarité avec Erasme, lequel néanmoins fort souvent tançoit de ce qu'il prenoit trop de plaisir à gaber, gausser et piquer les uns et les autres : et luy mettoit en bute plusieurs de ses compaignons, qui par leur modestie gaignoyent plus qu'il n'eut sçeu par telles violentes et brocardées invectives. Surtout lui proposoit Simon Gryné, lequel ala de vie à trespas, le premier jour d'Aoust, en l'année de salut mil cinq cens quarante un. Mort, qui fust autant ou plus fascheuse à Munster, que si c'eut esté son propre frère. Telle conjonction et amitié estoit entre eux, que je me suis laissé dire, que par l'aide de ce personnage, il a acquis l'esclaircissement de plusieurs points, desquels il a enrichy ses œuvres dernières. De sorte que d'autres se sont avantagé de tant, que dire, que le peu de livres qu'on a de Griné n'est point qu'il n'en ait point composé, mais parce qu'il tendoit à Munster tout ce qu'il pouvoit. Ce qui ne luy doit estre tourné à blasme, puisque dans ses œuvres nous voyons, qu'il n'est point chiche de recognoistre ceux qui l'ont secouru d'avertissement. Et celà me fait doubter de ce rapport, d'autant que si Munster se fut senty redevable à Griné pour celà, n'eut pas esté, qu'il n'en eût touché quelques mots dans ses œuvres. Or, encore qu'il fût expert Cosmographe, parlant de la division du monde et région céleste, du Zodiaque ou l'escharpe du firmament, de la première et seconde Écliptique, des Colures ou cercles imparfaicts, il n'en a pas dit grand'chose, ains s'est laissé aler suivant l'opinion de Pierre d'Ally. D'une chose le loüe-je principallement, de ce que jamais il n'a appliqué son entendement aux prédictions Lunatiques, par lesquelles plusieurs se sont meslé de prédire beaucoup de choses, suivant ce que Corneille Agrippa n'en a que trop escrit. Munster abborroit et avoit en dédain telles sciences noires, qui apprennent à phantastiques tous certains charactères et invocations des malins espris, et eût esté bien marry d'estre de la partie des expositeurs des Canicules [1] de Salomon et visions du miroir comme il estoit bien adverty, que telles superstitieuse impiétez sont damnables à ceux qui en font profession. Je sçay bien, que de son vivant il a eu plusieurs ennemis, qui ont escrit contre luy et après sa mort l'ont voulu taxer de magie, pour un certain livre que l'on trouva en sa bibliothèque escrit en charactères hébraïques, lequel estoit soupçonné de magie, pour y avoir veu quelques consécrations d'aneaux et miroirs faites sous ce gergon : *Adonai, Alpha et oméga, os Cartara, Zabron, Batam, Rinatam, Fal loquin, Fal loquas,* etc. Mais je ne vois point qu'il y ait quelque nécessité en ceste présomption.

1. Clavicules. V. D.

TABLE DES MATIÈRES.

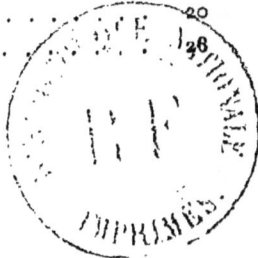

A. Quantin imprimeur
S. Benoît 7 à Paris.

PARIS EN 1550

Lutetia Parisiorum urbs, toto orbe celeberrima notissimaque caput regni Franciæ.

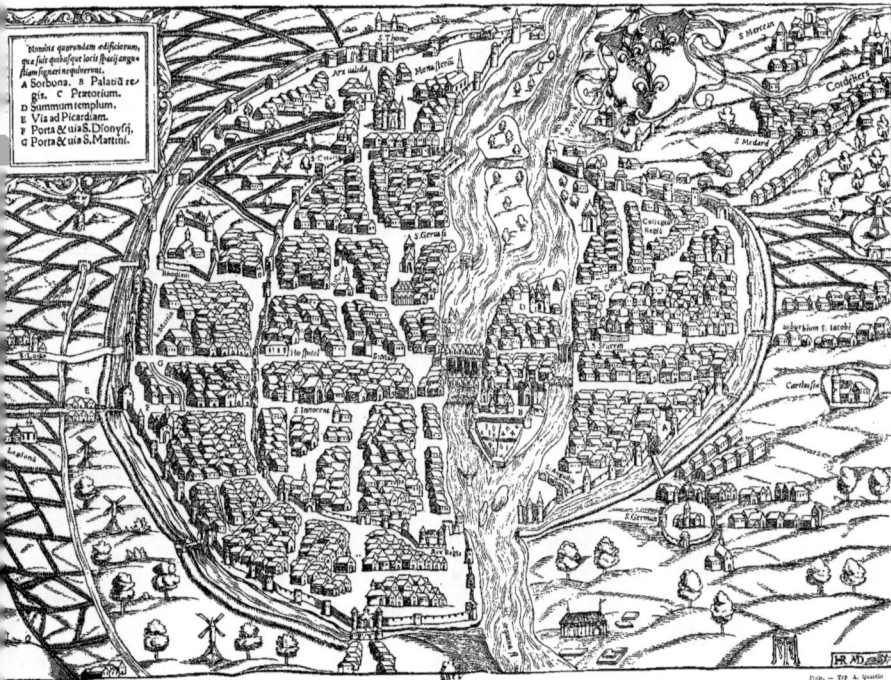

Lutéce à préſent nõmée Paris Cité capitallé de France.

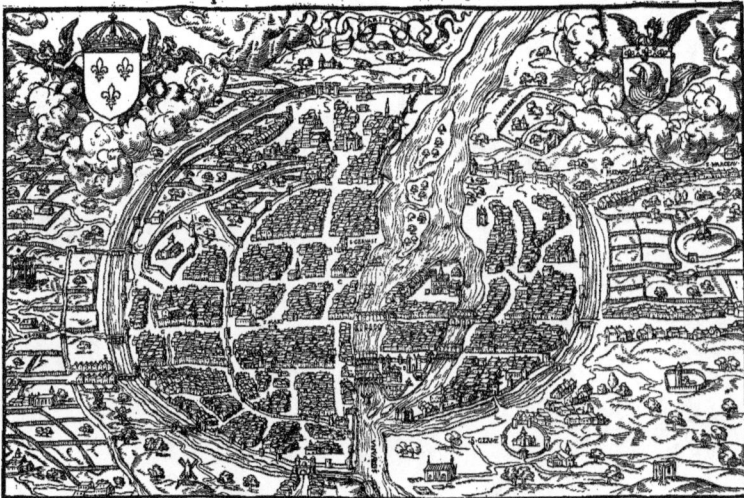

A   Sorbone.   B   Le Palais Royal ou ſe tiẽt le parlement.   C   La Maiſon de la ville.
D   La grand Egliſe noſtre Dame.   E   Le chemin de Picardie.   F   La Porte & voye de ſainct Denis.
G   La porte & voye de ſainct Martin.

COLLECTION

ANCIENNES DESCRIPTIONS DE PARIS

www.ingramcontent.com/pod-product-compliance
Lightning Source LLC
Chambersburg PA
CBHW050018100426
42739CB00011B/2697